Abigail Adams

Jill K. Mulhall, M. Ed.

Table of Contents

Witness to History

Abigail Adams lived in an exciting time. She saw the events that led to the American Revolution. Her husband John was an important leader. She helped him make decisions. Abigail wrote about her life in many letters. Today, people use those letters to learn about the past.

▼ **Abigail Adams as a young woman**

That's Not Fair!

On October 11, 1744, Abigail Smith was born near Boston, Massachusetts. She grew up on her family's farm.

Abigail was curious and very smart. Whenever she could, she would sit by the fire and read books. Her brother went to school. Abigail was not allowed to go to school because she was a girl. She thought, "That's not fair!" So, she made her own special school at home. Her father taught her many things.

Abigail also listened and asked questions whenever visitors came. This was how she learned about the world.

▼ **Colonial family eating dinner**

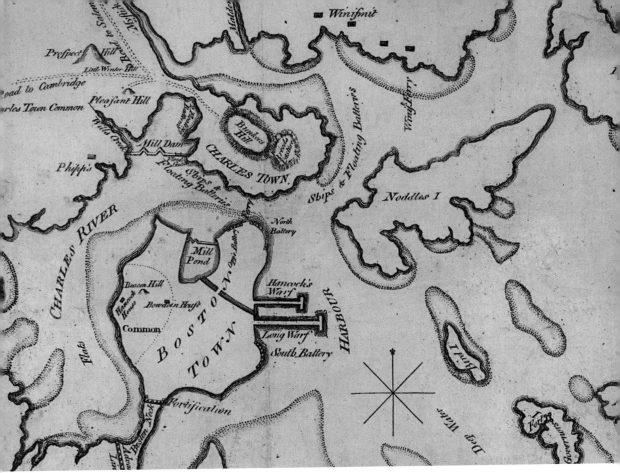

▲ Map of the region around Boston

Always Working

Colonial girls had to do a lot of chores. They had to cook, sew, and clean. They took care of small vegetable gardens. They also made their own candles and soap.

▲ Abigail loved to read.

Wedding Bells

Abigail grew to be a clever young woman. She was not afraid to tell people what she thought.

She met a lawyer named John Adams. Abigail liked John because he would talk to her about important things. Sometimes they did not agree about the way things should be. But, John always listened to her.

Abigail knew that John would make a good husband. She married him on October 25, 1764. They had a very loving marriage.

Thomas Jefferson ▼

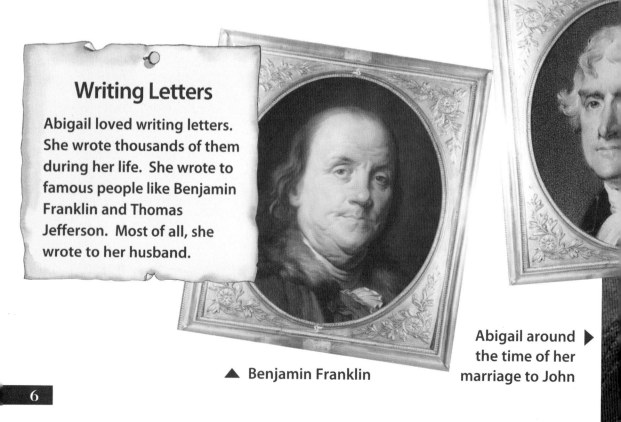

Writing Letters

Abigail loved writing letters. She wrote thousands of them during her life. She wrote to famous people like Benjamin Franklin and Thomas Jefferson. Most of all, she wrote to her husband.

▲ Benjamin Franklin

Abigail around ▶ the time of her marriage to John

John ▶
Adams

Calling for Liberty

In 1765, the British **government** passed the Stamp Act. It created a **tax** on most printed items. Many people thought that this new tax was unfair.

◀ British tax stamp

▼ People protesting the Stamp Act

John Adams
when he was a lawyer
in Boston

THE ASSOCIATION OF THE SONS OF LIBERTY, OF NEW-YORK.

▲ Essay written to protest the British taxes

Sons of Liberty

Around this time, some men in Boston started a secret new group. They met and talked about their unhappiness with the British. Abigail was not allowed at the meetings because she was a woman.

John and Abigail agreed that the tax was wrong. John began to speak out against the British. He gave speeches and wrote **essays** (ES-ays). He said that it was not fair to have **"taxation without representation"** (rep-ri-zen-TAY-shuhn).

Abigail helped her husband share his ideas. Many people began to listen to John.

Exciting Days in Boston

The Adams family moved to Boston in 1768. Abigail loved being in the city. She read four newspapers every day. She wanted to know what was going on. Boston was the center of much excitement.

▲ Boston Harbor in the 1760s full of ships from around the world

Traitor?

At the Boston Massacre trial, some people thought that John was helping the wrong side. But John and Abigail thought that every person should have a fair trial. They decided John should do the right thing even if it made people angry.

▲ *Boston Gazette* reporting on the Boston Massacre

One day, some British soldiers shot into a loud and angry crowd. Five people died. Everyone was very upset about this. They called it the Boston Massacre (MAS-uh-kuhr).

The soldiers were put on trial for murder. John and Abigail agreed that John should be their lawyer. John won the case. The soldiers were found not guilty.

No Time for Tea

In 1773, the British **Parliament** (PAR-luh-muhnt) passed the Tea Act. This act forced people to pay a tax on all British tea. This made the Americans angry again. The colonists fought the new law.

Abigail did what she could. Like other women, she **brewed** her own tea from herbs. That way, she could **boycott** the British tea.

Some of the men in Boston fought back in another way. They dressed up as Indians. Then, they dumped 342 chests of British tea into Boston Harbor! This was called the Boston Tea Party.

▼ **The Boston Tea Party**

PHILADELPHIA.

In CONGRESS, *Thursday*, September 22, 1774.

RESOLVED,

THAT the Congress requeſt the Merchants and Others, in the ſeveral Colonies, not to ſend to Great Britain any Orders for Goods, and to direct the execution of all Orders already ſent, to be delayed or ſuſpended, until the ſenſe of the Congreſs, on the means to be taken for the preſervation of the Liberties of *America*, is made public.

An Extract from the Minutes,
CHARLES THOMSON, *Sec.*

▲ Notes from a congressional meeting about a boycott

Tea Drinkers

Early Americans drank a lot of tea. After the Tea Act, they tried hot chocolate and coffee instead. These drinks were not popular at first, but soon they caught on.

Back to the Farm

Great Britain's King George III was angry with the colonists after the Boston Tea Party. He created new laws that made life in Boston very hard. Everyone was worried.

John went to Philadelphia as a **delegate** to the First **Continental** (kon-tuh-NEN-tuhl) **Congress**. Abigail was alone. She decided to take her children out of the **dangerous** city. She moved back to the family farm.

▲ King George III of Great Britain

▲ Leaders of the Continental Congress

Abigail worked hard to run the farm by herself. She took care of the animals and the crops. She paid all the bills. She also taught and cared for her four children.

▼ The Adams family farm in Quincy, Massachusetts

Colonial Schools

In colonial times there were not many public schools. Abigail taught her own children at home. When the American Revolution started, these few schools closed. The teachers marched off to fight, singing, "War's begun, school's done!"

Being Brave in War Time

The American Revolution started in April 1775. It was a frightening time, but Abigail was brave. She wrote to John, "We fear them not!"

Many people left Boston because it was so dangerous. These **refugees** (ref-yoo-JEEZ) passed by Abigail's farm. She gave them food and shelter.

▼ Battle in Philadelphia Harbor

Abigail continued to write many letters to John. She told him how terrible the war was for the people. John shared these letters with important men. He even showed one to George Washington. This helped the leaders understand how much the people wanted freedom.

▼ Revolutionary War battle in Boston

John Quincy Adams

In 1778, John went to France to ask for help with the war. Abigail sent their oldest son, John Quincy, with him. She wanted him to have an exciting life and learn important things. John Quincy went on to become the sixth president of the United States.

Remember the Ladies

Abigail continued to write many letters to John. Her letters to him were filled with love. She also asked him many questions. She wanted to know all about what he was doing.

This is a page from the "Remember the Ladies" letter.

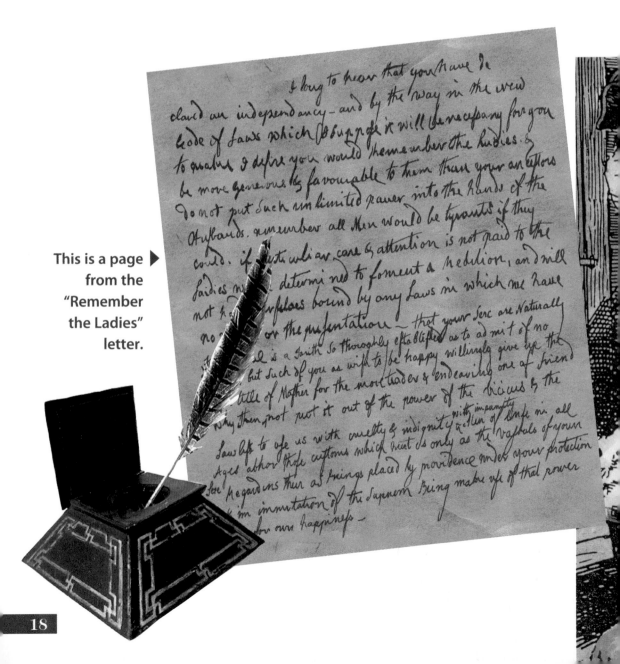

Sometimes, Abigail gave John ideas for the new laws he was writing. In one famous letter she told him to "Remember the Ladies." She believed that the new country should have fair laws for women. She wanted women to have more power over their lives. Abigail was one of the first people to talk about such an idea.

▼ Colonial cloth makers spinning and weaving wool

Colonial Women

In Abigail's time, a woman could not do anything on her own. She was not even seen as a person in the eyes of the law.

Crossing the Ocean

▼ The Treaty of Paris ended the American Revolution.

The long war finally ended in 1781. Abigail was happy. She thought her husband would finally come home. But the new country needed John again.

He went to France to work on a **peace treaty**. It took a long

▼ Announcement of the Treaty of Paris

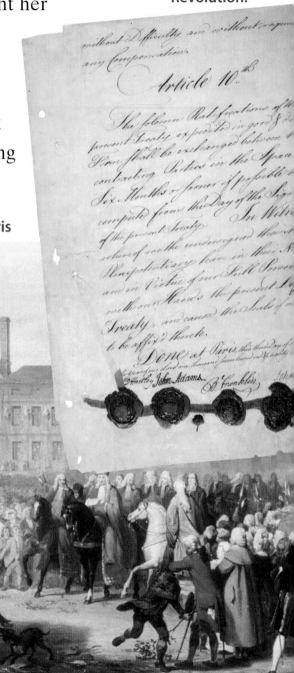

Article 10th

John Adams B. Franklin

time. Finally, Abigail went to France to be with John. She thought Paris was very strange.

In 1785, John became the first United States **ambassador** (am-BASS-uh-duhr) to Great Britain. Abigail went to London with him. The people there were not very nice. They were still angry about the war. Abigail did her best to show that Americans were friendly and polite.

▲ Ambassador John Adams meets with King George III

Crossing the Atlantic

It is easy to cross the Atlantic Ocean now. It was much harder when Abigail did it. Sometimes you could not find a ship to take. When you did find one, the trip took more than a month!

From Capital to Capital

In 1789, John was **elected** the first vice president of the United States. Abigail and John moved to New York City. It was the country's capital city at the time. Abigail held many parties. She also loved to go see **debates**.

Eight years later, John became the country's second president. Soon he and Abigail moved to the new capital city, Washington, D.C. They were the very first people to live in the house that was later called the White House.

▼ John and Abigail Adams

The Country's Capital

When John and Abigail came to Washington it was still a new city. The president's mansion had no rooms that were completely finished. Abigail did the best she could. She even hung up her laundry to dry in a fancy parlor called the East Room!

▲ Building the president's mansion, or White House, in 1798

John was president for four years. Abigail often gave advice to John while he was president. In time, John and Abigail moved back to their farm. They lived there together for many happy years. Abigail died on October 28, 1818.

Glossary

ambassador—a person who goes to a foreign country to represent his or her own country's government

boycott—to stop buying or using something

brewed—prepared by soaking in hot water

Continental Congress—the first government meetings in the United States

dangerous—not safe

debates—talking about both sides of an idea

delegate—a person who is sent to a meeting to speak for a group of people

elected—chosen by voters

essays—written responses to events

government—the people and organizations that run a country

Parliament—group that makes the laws in Great Britain

peace treaty—agreement that ends a war

public—available for everyone to use

refugees—people who leave home to find safety somewhere else

tax—money that people have to pay to support their government

taxation without representation—having to give money to a government that does not let you vote on its laws

Staatliche Museen zu Berlin

GEMÄLDEGALERIE

Malerei
13.-18. Jahrhundert
im Bodemuseum

Henschel Verlag
Berlin

Wissenschaftliche Bearbeitung:
Dr. Irene Geismeier (Niederländische Gemälde)
Dipl. phil. Hannelore Nützmann (Italienische und spanische Gemälde)
Dr. Rainer Michaelis (Deutsche, englische und französische Gemälde)

Sekretariat: Doris Brock/Irmgard Hünicke
Fotonachweis: Staatliche Museen zu Berlin
Redaktionsschluß: 15. 9. 1990

ISBN 3-362-00486-5
4., erweiterte Auflage · 120/90
© Henschel Verlag GmbH Berlin 1990
Gestaltung: Dietrich Otte
Druck: Stiewe Offset

VORWORT ZUR 4. AUFLAGE

Als die Gemäldegalerie 1963 ihre erste ständige Ausstellung im Bodemuseum eröffnen konnte, verzeichnete der damals erschienene Führer durch nur 10 Räume einundneunzig Gemälde. Die beiden späteren Auflagen von 1972 und 1978 zeigten schon die kontinuierliche Vermehrung der Ausstellungsfläche. Die jetzige Auflage stellt unsere Ausstellung in einem Stadium vor, das deutlich die großen Leistungen besonders der 80er Jahre – nicht zuletzt in Hinblick auf die 750-Jahr-Feier unserer Stadt – beim Wiederaufbau auch des Bodemuseums spiegelt. Die Ausstellungsfläche im Obergeschoß hat sich auf sechsundzwanzig Räume erweitert. Mehrere der zentralen Prunkräume des Hauses, wie Basilika und Gobelinsaal, sind sinnvoll mit Werken aus der Gemäldegalerie ausgestattet worden. So findet der Besucher, gegliedert nach Kunstepochen und -landschaften, heute nahezu 350 Gemälde ausgestellt. Das 1979 eingerichtete Kabinett der Miniaturen erhielt 1986 seine gesonderte Darstellung mit der Herausgabe eines Bestandskataloges. Mit einer Vielzahl von Führungen, thematischen Veranstaltungen und Kunstgesprächen, mit der seit 1980 laufenden Wechselausstellung unter dem Titel »Staffelei am Kamin« sowie mit Veröffentlichung von wissenschaftlichen Katalogen, von Kalendern, Plakaten, Postkarten und Dia-Serien wurde angestrebt, dem immer wachsenden Kreis der Freunde alter Malerei neben dem ästhetischen Genuß vor den Bildern auch die zum Verständnis mancher uns heute weniger vertrauten Themen und Auffassungen der alten Meister nötige »Belehrung« zu vermitteln. In diesem Sinne ist wiederum der hier vorliegende Ausstellungsführer mit Inhaltserläuterungen und Verweisen auf literarische Quellen ausgestattet. Eine Vollständigkeit nach wissenschaftlichem Maßstab war indessen nicht Anliegen der Publikation.

Abweichend von den bisherigen Auflagen ist jetzt auf die Einführung in die Ausstellung verzichtet worden. Dies übernimmt weitgehend ein gesondert geplanter allgemeiner Führer durch das Bodemuseum.

IRENE GEISMEIER

ALSLOOT, DENIS VAN
Flämische Schule. Um 1570 – um 1628. Brüssel. Hofmaler des Erzherzogspaares
Albrecht und Isabella seit 1599.

1. DIE ZUGEFRORENE SCHELDE BEI ANTWERPEN
   Eichholz. 66 x 117,4 cm.
   Erworben 1821 aus der Sammlung Solly.
   Kat.Nr. 702

AMBERGER (?), CHRISTOPH
Süddeutsche Schule. Um 1500 in Augsburg – 1561/62 ebenda. Seit 1530 namentlich in Augsburg tätig.

2. BILDNIS DES FELDHAUPTMANNS GEORG VON FRUNDSBERG
   (1473–1528)
   Dreiviertelfigur.
   Rottannenholz. 151 x 96 cm.
   Erworben 1821 aus der Sammlung Solly.
   Kat.Nr. 577
   1504 schlug Kaiser Maximilian I. den Dargestellten zum Ritter. Seit etwa 1509
   übernahm Frundsberg das Kommando der Landsknechte, die er militärtaktisch
   soweit schulte, daß sie auch die Handhabung moderner Feuerwaffen beherrsch-
   ten. Mit diesem Heer verdrängte er die als unschlagbar geltenden Schweizer
   Söldner aus ihrer damaligen militärischen Bedeutung. 1525 ging er aus der
   Schlacht von Pavia als Sieger hervor, 1527 nahm er an der Zerstörung Roms als
   maßgeblicher kaiserlicher Heerführer teil (Sacco di Roma). Im deutschen Bauern-
   krieg focht er erfolgreich für Karl V. gegen die Aufständischen. Das Gemälde entstand nach 1528.

ANTONIO DEL CERAIOLO
Florentinische Schule. Tätig in der ersten Hälfte des 16. Jahrhunderts. Schüler
und Mitarbeiter des Lorenzo di Credi, später in der Werkstatt des Ridolfo Ghirlandaio tätig. Beeinflußt durch die Schule des Fra Bartolomeo. Er soll ein namhafter Bildnismaler gewesen sein, in erster Linie sind ihm jedoch religiöse Kom-
positionen zuzuschreiben.

3. MARIA MIT DEM KIND UND DEM JOHANNESKNABEN
   Pappelholz. 96 x 73 cm.
   Erworben 1936 durch Überweisung.
   Kat.Nr. B 76 (früher Mariotto Albertinelli)
   Auf dem Spruchband, das um den Stab des kleinen Johannes geschlungen ist, die
   Inschrift »ECCE AGNUS D(EI)« als Hinweis auf die Heilsmission Christi: »Sie-
   he, das ist Gottes Lamm, welches der Welt Sünde trägt« (Evangelium des Johan-
   nes 1, 29).

GEORGIVS A FRVNTSPERG IMPEPRATORVM DECRETIS EXERCITVS GERMANICI DVX PER TIRO
LIM ET VICINAS ALPES DEFECTIONEM COLONORVM COMPRESSIT PER LIGVRIAM ET REGIONEM
TRANSPADANAM ITALIAE VRBES POPVLOS REBELLES PERDOMVIT. AD PAŁVDES VENETAS VICTOR AC
CESSIT EXERCITVMQVE AD LOCA INIQVA DELAPSVM OBSIDIONE QR · ET QN · LIBERAVIT. VICIES
PLVS MINVS SIGNIS COLLATIS PVGNAVIT. AD EVM MODVM ARMATVS. PRELIVM CONCIVIT
ANTE PAPIAM GALLOS CECIDIT. CASTRA CAEPIT OESESSOS EXTREMAQVE METVENTES SERVAVIT.
VIXIT ANNOS·LIIII·MEN:X :DIES:X X VII·OBIIT AÑO CRISTIAO·M D X X VIII· MENSE AVGᵗᵒ DIE XX

Nr. 2

ASPERTINI, AMICO
Bolognesische Schule. Vermutlich 1474 – 1552 Bologna. Wahrscheinlich Schüler seines Vaters. Gehilfe von Ercole Roberti, Lorenzo Costa und Francesco Francia. Tätig vorwiegend in Bologna. Aufenthalte in Florenz, Lucca und Rom.

4. ANBETUNG DER HIRTEN
Bezeichnet auf dem Postament der Säule links:»amicus bo. nonienisis faciebat« Pappelholz. 114 x 80 cm.
Erworben 1821 aus der Sammlung Solly.
Kat.Nr. 118
Vor allen anderen wird den Hirten die Geburt Christi verkündet. Seit dem 14. Jahrhundert werden sie in Italien anbetend und Geschenke überbringend darge-stellt. Die Verkündigung durch einen Engel erscheint synchron in einer Neben-szene rechts oben; im Mittelgrund der Zug der drei Weisen (Evangelium des Lu-kas 2, 8–20).

ASSELIJN, JAN
Holländische Schule. 1610 Dieppe – 1652 Amsterdam. Tätig in Rom und Amster-dam, malte Landschaften und Schlachten.

5. BRUCH DES ANTHONIUSDAMMES BEI AMSTERDAM AM 5. MÄRZ 1651
Leinwand. 73,5 x 95 cm.
Erworben 1926.
Kat.Nr. 1991

AUGSBURGISCH
Süddeutsche Schule. Um 1470.

6. 12 SZENEN AUS DER VITA DES KARTÄUSERMÖNCHS BRUNO
Fichtenholz. 81 x 188,5 cm.
Erworben 1952 als Geschenk der Tschechoslowakei. Herkunft Schloß Konopište.
Kat.Nr. 2187
Um 1080 entschloß sich Bruno (1030 – 1101) für das Einsiedlerleben. Er ging in die Wildnis Cartusia (La Chartreuse) bei Grenoble. Hier gründete der Einsiedler ein Kloster, die »Wiege« des späteren Kartäuserordens. 1143 bestätigte Papst Inno-zenz II. seine Regeln. 1514 erfolgte Brunos Seligsprechung.
    Unten rechts erkennt man die Figuren des hl. Hugo von Grenoble und des hl. Hugo von Lincoln.

8

Nr. 8

BACCHIACCA, FRANCESCO D'UBERTINO, GENANNT IL BACCHIACCA
Florentinische Schule. 1495 – 1557 Florenz. Schüler des Pietro Perugino. Beeinflußt von Fra Bartolomeo, Michelangelo, Pontormo, Andrea del Sarto sowie durch die Graphik nördlicher Meister. Werkstattgemeinschaft mit Franciabigio. Tätig in Florenz und Rom.

7. ENTHAUPTUNG JOHANNES' DES TÄUFERS
Pappelholz. 169 x 146 cm.
Erworben 1821 aus der Sammlung Solly.
Kat.Nr. 1539
Johannes der Täufer (gest. etwa 27 u. Z.) wurde von König Herodes enthauptet, weil er dessen ehebrecherische Verbindung mit Herodias, des Königs Schwägerin, öffentlich getadelt hatte. Auf dem Bild läßt sich Salome, die Tochter Herodias', das abgeschlagene Haupt auf eine goldene Schüssel legen, um es ihrer Mutter zu bringen. Rechts neben ihr Herodes (Evangelium des Matthäus 14, 3-11).

8. TAUFE CHRISTI
Möbeldekoration.
Pappelholz. 75 x 166 cm.
Erworben 1821 aus der Sammlung Solly.
Kat.Nr. 267
Christus wird nach dem Bericht aller Evangelisten von Johannes dem Täufer im Jordan getauft. Die Anwesenheit von vielen Menschen bei dem Vorgang beruht auf dem Text des Lukas (Evangelium des Lukas 3, 21). Die Kleidung des Täufers – ein gegürtetes Gewand von Kamelhaaren – wird bei Matthäus beschrieben (Evangelium des Matthäus 3, 4). Seit dem 14. Jahrhundert wird der Taufritus in der hier gezeigten Weise dargestellt; seit der Renaissance gewinnt die Landschaft dabei zunehmend an Bedeutung.

BACKER, JACOB ADRIAENSZ.
Holländische Schule. 1608 Harlingen – 1651 Amsterdam. Schüler des Lambert Jacobsz. und Rembrandt. Tätig hauptsächlich in Amsterdam, malte Bildnisse und Historien.

9. BILDNIS DES RECHTSGELEHRTEN FRANÇOIS DE VROUDE
Halbfigur.
Leinwand. 110 x 94 cm.
Bezeichnet links im Grund über dem Stuhl: J A B. (verbunden) 1643.
Erworben 1873.
Kat.Nr. 810 B

10. DER TRINKER
Halbfigur.
Eichenholz. 71,5 x 60 cm.
Erworben 1905 aus Privatbesitz.
Kat.Nr. 935 A (Gegenstück zu Kat.Nr. 935 B)
Das Gemälde gehört in eine Folge von Darstellungen, die die fünf Sinne verdeutlichen sollen; dabei symbolisiert die Figur des Trinkers den »Geschmack«.

11. ALTER MANN MIT SPIEGEL
Halbfigur.
Eichenholz. 71,5 x 60, 5 cm.
Bezeichnet rechts: J B
Erworben 1905 aus Privatbesitz.
Kat.Nr. 935 B (Gegenstück zu Kat.Nr. 935 A)
Gehört in eine Folge der fünf Sinne (vgl. Nr. 10, 53), wo es das »Gesicht« symbolisiert.

BACKER, JACOB DE
Flämische Schule. Um 1560 – 1590/91 Antwerpen. Tätig in der Werkstatt des A. von Palermo und ca. 1577 des Hendrik van Steenwijck. Zählt zu den an römisch-florentinischer Malerei geschulten Antwerpener Spätmanieristen. Wenige Bilder überliefert.

12. VENUS UND AMOR
Eichenholz. 73 x 52 cm.
Aus den ehemals Königlichen Schlössern Berlin.
Kat.Nr. 652

BACKHUYSEN, LUDOLF
Holländische Schule. 1631 Emden – 1708 Amsterdam. Schüler des Allaert van Everdingen und Hendrik Dubbels. Tätig in Amsterdam. Maler von Seestücken.

13. LEICHT BEWEGTE SEE MIT FISCHERBOOTEN
Leinwand. 56 x 97 cm.
Bezeichnet an dem kleinen Boot vorn in der Mitte: 1664 LBack.
Aus den ehemals Königlichen Schlössern Berlin.
Kat.Nr. 895

Nr. 14

14. STÜRMISCHE SEE AN BERGIGER KÜSTE
Leinwand. 89 x 136,5 cm.
Erworben 1835.
Kat.Nr. 888
Zum Thema vgl. Nr. 45.

BAGNACAVALLO, BARTOLOMEO RAMENGHI, GENANNT IL BAGNACAVALLO
Bolognesische Schule. 1485 Bagnacavallo – 1542 Bologna. Schüler des Francesco
Francia. Tätig vornehmlich in Bologna.

15. DIE HEIMSUCHUNG
Pappelholz. 192 x 156 cm.
Erworben 1821 aus der Sammlung Solly.
Kat.Nr. 274
Begegnung zwischen Maria, der künftigen Mutter Christi, und Elisabeth, der
künftigen Mutter Johannes' des Täufers. Von einem Engel war beiden Frauen die
Geburt eines Sohnes verkündet worden. Im Bilde links Joseph, der Gatte Marias
(Evangelium des Lukas 1, 39–44).

BARTOLOMEO, FRA BARTOLOMEO DELLA PORTA
Florentinische Schule. Vermutlich 1472 Florenz – 1517 Pian del Mugnone. Schüler
des Cosimo Rosselli; Werkstattgemeinschaft mit Mariotto Albertinelli. Beeinflußt von Perugino, Raffael und Michelangelo. Tätig in Florenz, zeitweilig in Venedig, Rom und Lucca.

11

Nr. 16

16. DER HEILIGE HIERONYMUS
Leinwand auf Holz. 40 x 26 cm.
Erworben 1841/42 in Italien.
Kat.Nr. 124
Hieronymus, Kardinal und Kirchenlehrer (um 340/47 u. Z.), war als Einsiedler in
die Wüste von Chalkis gegangen. Auf dem Bild kniet er vor einem Kruzifix, er
hält einen Stein in der Linken, mit dem er sich kasteit. Links der Löwe, sein legen-
därer Begleiter (Legenda aurea, Übers. R. Benz, Berlin 1963, S. 817–823).

BARTOLOMEO VENETO
Cremonesisch-venezianische Schule. Gest. 1531. Schüler von Giovanni Bellini,
beeinflußt von der zeitgenössischen deutschen und niederländischen Kunst, der
lombardischen Malerei sowie auch der Farbigkeit Tizians. Nachweisbar zwischen
1502 und 1530. Vorwiegend als Maler von Madonnenbildern und Porträts tätig.
Aufenthalte in Padua, Ferrara, Mailand, Bergamo und Turin.

17. MARIA MIT DEM KIND
Bezeichnet unter dem Fensterausschnitt links mit der (falschen) Signatur Io. A.
BoltrAfIVS/Fecit 1505.
Pappelholz. 61,5 x 49,5 cm.
Erworben 1821 aus der Sammlung Solly.
Kat.Nr. 1281
In der Gruppe von Mutter und Kind mischen sich Einflüsse Dürers und Bellinis;
zwei Stiche des Lucas van Leyden waren Vorlage für den Landschaftsausschnitt
und die Figurengruppe. In Italien diente der Kupferstich frühzeitig dazu, vorbild-
liche Bilderfindungen und Motive zu verbreiten.

BASSANO, FRANCESCO DA PONTE, GENANNT BASSANO
Venezianische Schule. 1549 Bassano – 1592 Venedig. Schüler und Mitarbeiter seines Vaters Jacopo da Ponte. Tätig in Bassano und Venedig.

18. ANBETUNG DER HIRTEN
Leinwand. 74 x 118 cm.
Erworben 1942 aus Privatbesitz.
Kat.Nr. 2176
Zum Thema vgl. Nr. 4.

BASSANO, LEANDRO DA PONTE, GENANNT BASSANO
Venezianische Schule. 1557 Bassano – 1622 Venedig. Beeinflußt von Tizian und
Tintoretto sowie von Giovanni Passarotti. Tätig in Bassano und Venedig.

19. BILDNIS EINES JUNGEN MANNES
Halbfigur.
Leinwand. 88 x 82 cm.
Alter Besitz.
Kat.Nr. 1484

Nr. 17

Nr. 18

Nr. 21

15

BASSEN, BARTHOLOMÄUS VAN
Holländische Schule. 1590 (?) Antwerpen – 1652 Haag. Tätig im Haag, seit 1639 auch als Stadtarchitekt.
20. INNENANSICHT EINER KIRCHE
Eichenholz. 54,3 x 79,8 cm.
Die Figuren von Frans Francken d. J. (Flämische Schule, 1581 – 1642). Bezeichnet links am Sockel des Pfeilers: F. Franck figuravit B. van Bassen 1624.
Aus den ehemals Königlichen Schlössern Berlin.
Kat.Nr. 695

BATONI, POMPEO GIROLAMO
Römische Schule. 1708 Lucca – 1787 Rom. Ursprünglich Lehre bei seinem Vater, der Goldschmied war. Ausbildung in der Malerei bei Sebastiano Conca und Agostino Masucci; Studium der Werke Raffaels und der Antike. Tätig in Rom, zunehmend auch für ausländische Auftraggeber.
21. VERMÄHLUNG AMORS MIT PSYCHE
Bezeichnet auf dem Sockel des Bettes: PonPeo . Batoni . Pi^{re} . A^o. 1756 . Roma .
Leinwand. 83 x 118 cm.
Aus den Königlichen Schlössern Berlin.
Kat.Nr. 504
Zur Geschichte von Amor und Psyche vgl. Nr. 187/188. Hier ist die nach langen Prüfungen möglich gewordene Vermählung des Liebesgottes mit Psyche dargestellt. Sie wird im Beisein von Venus (griech. Aphrodite), der Göttin der Liebe, vollzogen, Hymenaios, Gott der Hochzeit, der an der Fackel erkennbar ist, leitet die Hand Amors beim zeremoniellen Ringwechsel. Rechts im Bild der in der Geschichte Amors und Psyches auftretende Windgott Zephyros.

BECCAFUMI, DOMENICO
Sienesische Schule. 1486 Cortine di Valdibiena – 1551 Siena. Angeregt durch die zeitgenössische toskanische Kunst, vor allem die des Sodoma, in Rom durch die Werke Raffaels und Michelangelos. Tätig in Siena, Genua und Pisa.
22. MARIA MIT DEM KIND UND DEM JOHANNESKNABEN
Tondo.
Pappelholz. Dm. 85 cm.
Erworben 1821 aus der Sammlung Solly.
Kat.Nr. 291
Das Tondo (ital., Rundbild) wurde in Florenz seit der Mitte des 15. Jahrhunderts vorwiegend für Madonnendarstellungen genutzt. Das Lamm (Agnus Dei, Johannes 1, 29) ist das geläufigste Christussymbol (vgl. Nr. 3).

Nr. 23

BECCARUZZI, FRANCESCO
    Venezianische Schule. Um 1492 Conegliano – vor 1563 Treviso. Möglicherweise
    Schüler von Cima da Conegliano. Beeinflußt von Pordenone und Tizian. Tätig
    in Conegliano, Treviso und Venedig.
23. BILDNIS EINES BALLSPIELERS MIT SEINEM PAGEN
    Dreiviertelfiguren.
    Leinwand. 103 x 117 cm.
    Erworben 1821 aus der Sammlung Solly.
    Kat.Nr. 158
    Im Hintergrund ist Architektur des Marktplatzes von Treviso erkennbar.

BEERSTRATEN, JAN ABRAHAMSZ.
    Holländische Schule. 1622 – 1666 Amsterdam. Tätig daselbst. Malte vorwiegend
    Stadtansichten.
24. WINTERLANDSCHAFT
    Leinwand. 90 x 127,5 cm.
    Bezeichnet links unten: F. Beerstraaten fecit
    Erworben 1846 aus schwedischem Privatbesitz.
    Kat.Nr. 868 A
    Die Stadtkulisse läßt sich als Amsterdam identifizieren.

BEGA, CORNELIS PIETERSZ.
Holländische Schule. 1631–1661 Haarlem. Schüler des Adriaen van Ostade. Tätig
in Haarlem. Malte bäuerliches Genre.

25. BAUERNFAMILIE
Leinwand auf Holz. 32,8 x 27,2 cm.
Aus den ehemals Königlichen Schlössern Berlin.
Kat.Nr. 872

BEGEIJN, ABRAHAM CORNELIS
Holländische Schule. Nach 1630 Leiden – 1697 Berlin. Einfluß von Nicolas Berchem und Marseus van Schrieck. Tätig in Leiden, Amsterdam und Den Haag, rei-
ste nach Italien und Frankreich. Seit 1688 Hofmaler des Kurfürsten von Brandenburg in Berlin.

26. STILLEBEN MIT DISTELN UND VÖGELN
Leinwand. 110 x 100,5 cm.
Bezeichnet links unten: A begeijn fe
Erworben 1846 im Kunsthandel.
Kat.Nr. 971 A

BEGEIJN ?
27. HIRTENSZENE BEI TIVOLI
Holz. 72,5 x 104,5 cm.
Reste einer Bezeichnung rechts unten, die auf den Maler Soolmaker hinweisen
könnten.
Erworben 1962.
Kat.Nr. 2217

BEIJEREN, ABRAHAM HENDRICKSZ. VAN
Holländische Schule. 1620/21 Haag – 1690 Overschie. Vermutlich Schüler des Pieter de Putter. Tätig in Leiden, Haag, Delft, Amsterdam, Alkmaar und Overschie.

28. STILLEBEN MIT MEHREREN FISCHARTEN
Eichenholz. 76 x 107 cm.
Bezeichnet rechts auf dem Tischrand: A v (verbunden) Beijeren 1655.
Kat.Nr. 983 D

29. STILLEBEN MIT FRÜCHTEN UND PRUNKGEFÄSSEN
Leinwand. 128 x 132,5 cm.
Erworben 1936 durch Überweisung.
Kat.Nr. 2138
Mit der Darstellung derart luxuriöser Nahrungs- und Genußmittel, gereicht in
prunkvollen, kostbaren Gefäßen, war gelegentlich ein Appell zur Mäßigung ver-
knüpft, hier vermutlich durch die Taschenuhr, links am Rande des Tisches sicht-
bar, gedeutet. Sie weist gleichzeitig auf Verderblichkeit und Vergänglichkeit des
Irdischen hin (vgl. Nr. 247).

Nr. 28

BELLEGAMBE, JEAN

    Flämische Schule. 1467/80 – 1535 Douai. 1504 Meister in der Gilde von Douai. Vermutlich Schüler eines Brügger oder einheimischen Meisters. Entwarf auch Priesterkleidung und Glasfenster. Keine signierten Werke erhalten. Werke religiöser Thematik in Douai, St. Omer, Cambrais, Lyon und Arras.

30.   DAS JÜNGSTE GERICHT. FLÜGELALTAR.
    Eichenholz. Oben bogiger Abschluß. Mittelbild 222 x 178 cm; jeder Flügel 222 x 82 cm.
    Erworben 1821 aus der Sammlung Solly.
    Kat.Nr. 641
    Das Jüngste Gericht (letztes Gericht, Weltgericht) ist in der bildenden Kunst seit dem 6. Jahrhundert dargestellt worden. In der Kathedralplastik, in Gemälden für Kirchen, Rathäuser und Schöffenstuben diente es zur ständigen Mahnung des Christen zu gottgefälligem Erdenleben.

    Im kirchlichen Lehrgebäude gilt es somit als ein »hierarchisches Zuchtmittel«, das die Angst des Menschen vor der Verdammnis als Grund- und Endzeitstimmung wachhalten soll. Gerade am Ausgang des Mittelalters werden die Visionen vom Jüngsten Gericht in Wort und Bild mit erhitzter Phantasie ausgemalt. Die Qualen der Hölle erscheinen besonders grausam.

    Erläuterungen zum Thema:

    Mittelbild. Engel erwecken mit ihren Posaunen am Tage des Jüngsten Gerichtes die Toten aus ihrem Schlaf (Matthäus 24). Die Auferstandenen werden durch den auf der Kugel als Welt- und Herrschaftssymbol thronenden Christus und seine Apostel nach ihren Taten gerichtet – das Schwert gilt den Verdammten, Lilie und

Nr. 30

Segensgestus den Auserwählten. Etwas unterhalb der ersten göttlichen Sphäre wirken die Gottesmutter Maria und Johannes der Täufer als Fürsprecher für die Menschheit. Der *rechte Flügel* stellt die Qualen der Verdammten in der Hölle dar, abgestuft nach ihren irdischen Sünden Avaritia (Geiz), Acedia (Trägheit), Gula (Unmäßigkeit), Invidia (Neid), Ira (Zorn), Luxuria (Unkeuschheit) und Superbia (Stolz, Hochmut). Auf dem *linken Flügel* empfangen die Auserwählten Lohn für ihre Werke der Barmherzigkeit (Matthäus 5, 7, bzw. 25, 35, 36) und werden in den Paradiesgarten und das als gotische Kathedralarchitektur wiedergegebene Himmlische Jerusalem aufgenommen.

BENCOVICH, FEDERIGO, GENANNT FERIGHETTO ODER IL DALMATINO
Venezianische Schule. Um 1677 Ragusa – 1753 Görtz. Studium der Malerei in Venedig und in Bologna bei Carlo Cignani; beeinflußt von Giuseppe Maria Crespi. Tätig in Venedig, Wien und Würzburg; er war Hofmaler des Bischofs Friedrich Karl von Schönborn.

31. THRONENDE MARIA MIT DEM KIND, VON DREI HEILIGEN VEREHRT
Entwurf für ein Altarbild.
Leinwand. 84,5 x 51 cm.
Erworben 1926 aus dem Berliner Kunsthandel.
Kat.Nr. 1992
Neben dem hl. Petrus – links von der Madonna – der hl. Antonius von Padua (1195–1231), der in Marokko missionierte und in Italien gegen die Ketzerbewegungen predigte. Die Legende berichtet von zahlreichen Wundertaten. Rechts neben der Madonna der hl. Stanislaus Kostka (?) (1550–1568), Angehöriger des Jesuitenordens.

20

Nr. 31

BERGEN, DIRCK VAN

Holländische Schule. 1645 – 1690 Haarlem. Schüler des Adriaen van de Velde in Amsterdam. Reise nach England 1675. Tätig in Haarlem.

32. TIERSTÜCK MIT MELKERIN
Eichenholz. 20,5 x 27,3 cm.
Erworben 1843 aus der Sammlung Reimer.
Kat.Nr. 860

BERRUGUETE, PEDRO

Spanische Schule. Um 1450 – 1503. Er stand unter dem starken Einfluß der italienischen Kunst der Frührenaissance, insbesondere der paduanischen und ferraresischen Malerschule. Zeitweilig war er in Italien tätig, später in Avila und seit 1483 in Toledo ansässig.

33. THRONENDE MARIA MIT DEM KIND
Pappelholz. 125 x 67 cm.
Erworben 1821 aus der Sammlung Solly.
Kat.Nr. 30 A (früher Lombardisch, um 1480)
Einige symbolhafte Details der Darstellung – Tempel, Baum, Apfel – kennzeichnen das segnende Christkind als Repräsentanten des »Neuen Bundes« zwischen Gott und den Menschen, als den »neuen Adam«. Die Kirschen in seiner Hand sind hier wohl als Hinweis auf das Paradies zu verstehen. – Die Rose in der Hand Marias – diese wird u. a. als »Rose ohne Dornen« gerühmt – ist ein Symbol der heiligen Jungfrau.

BIJLERT, JAN VAN

Holländische Schule. 1597/98 – 1671 Utrecht. Seit 1616 Schüler des Abraham Bloemaert. Reise über Frankreich nach Italien, beeinflußt von Caravaggio und dessen Nachfolgern. Tätig vorwiegend in Utrecht.

34. AUFFINDUNG MOSIS
Leinwand. 120 x 175 cm.
Erworben 1966 aus Privatbesitz.
Kat.Nr. 2237
Auf Befehl des Pharao werden die neugeborenen Knaben der in Ägypten wohnenden Hebräer getötet. Eine Mutter setzt ihr Kind aus, um es vor diesem Schicksal zu bewahren. Das Kind wird von der Tochter des Pharao gefunden und später Mose genannt (Altes Testament, 2. Buch Mose 2, 1–10).

BLOEMAERT, ABRAHAM

Holländische Schule. 1767 Gorkum – 1651 Utrecht. Schüler von Gerrit Splinter und Joos de Beer. Tätig in Utrecht, zeitweilig in Amsterdam und Paris. Lehrer u. a. von C. van Poelenburgh, G. v. Honthorst und J. G. Cuyp.

35. BAUERNGEHÖFT MIT DEM VERLORENEN SOHN
Leinwand. 50 x 65 cm.
Erworben 1925.
Kat.Nr. 1950

Nr. 34

Nr. 36

23

Gleichnis Christi vom Sohn, der sein ererbtes Gut in der Fremde verpraßt und Not leidet. Er kehrt reumütig zum Vater zurück, um sich als Tagelöhner bei ihm zu verdingen. Der Vater empfängt ihn freudig (Evangelium des Lukas 15, 11–32). Auf dem Bild der verlorene Sohn bei den Schweinen.

36. LANDSCHAFT MIT BAUERNGEHÖFT UND LANDVOLK
Leinwand. 91 x 133 cm.
Bezeichnet an einem Stein: A. Bloemaert. fe. 1650
Erworben 1927
Kat.Nr. 1995
Im Hintergrund der Auszug des jungen Tobias, der von seinem blinden Vater ausgesandt wird, ein Darlehn einzuholen. Unerkannt begleitet ihn der Erzengel Raphael als Beschützer (Apokryphen, Buch des Tobias 4–6). (Vgl. Nr. 103, 104.)

BLOEMAERT, HENDRICK, ART
Holländische Schule. 1601 – 1672 Utrecht. Schüler seines Vaters Abraham Bloemaert. 1627 Reise nach Italien. 1630 in der Malergilde von Utrecht. Tätig vornehmlich in Utrecht.

37. DER EVANGELIST MARKUS
Leinwand. 95,5 x 75,5 cm.
Erworben 1916 aus der Sammlung Freund.
Kat.Nr. 1767 (Gegenstück zu Kat.Nr. 1769)
Markus, einer der vier Evangelisten, soll sein Evangelium nach den Lehrvorträgen des Apostelfürsten Petrus geschrieben haben. Die Apostel Paulus und Barnabas soll er auf ihren Reisen begleitet haben. Gründete die Kirche in Alexandria und war ihr erster Bischof. 62 u. Z. soll er den Märtyrertod gestorben sein. – Teil einer Serie; die Darstellungen der Evangelisten Matthäus und Lukas z. Z. magaziniert.

38. DER EVANGELIST JOHANNES
Leinwand. 95 x 76 cm.
Erworben 1916 aus der Sammlung Freund.
Kat.Nr. 1769 (Gegenstück zu Kat.Nr. 1767)
Johannes d. E., einer der vier Evangelisten und Lieblingsjünger Jesu, ist angeblich der Verfasser eines der vier kanonischen Evangelien und der Apokalypse. Nach der Legende missionierte er in Ephesos und wurde von Kaiser Domitian nach Patmos verbannt.

BLOOT, PIETER DE
Holländische Schule. 1601 – 1658 Rotterdam. Einfluß von Adriaen Brouwer und David Teniers. Tätig in Rotterdam.

39. BAUERNBELUSTIGUNG IM FREIEN
Eichenholz. 50,5 x 69 cm.
Erworben 1966 aus der Sammlung Beuth/Schinkel.
Kat.Nr. 2231

Nr. 41

Nr. 42

BOL, FERDINAND
Holländische Schule. 1616 Dordrecht – 1680 Amsterdam. Schüler Rembrandts um 1635. Tätig in Amsterdam.

40. BILDNIS EINER ÄLTEREN DAME
Leinwand. 90 x 69 cm.
Bezeichnet links im Grund: F. Bol. fecit 1642
Erworben 1843 aus der Sammlung Reimer, Berlin.
Kat.Nr. 809

BOLTRAFFIO, GIOVANNI ANTONIO
Mailändische Schule. 1466/67 (?) – 1516 Mailand. Schüler und Gehilfe von Leonardo da Vinci, im Frühwerk beeinflußt von der älteren lombardischen Tradition, vornehmlich von Vincenzo Foppa. Tätig in Mailand.

41. DIE HEILIGE BARBARA
Pappelholz. 170 x 111 cm.
Erworben 1821 aus der Sammlung Solly.
Kat.Nr. 207
Barbara, Tochter des Dioscorus von Nicomedien, wurde der Legende nach von ihrem Vater in einem Turm gefangengehalten. Wegen ihres Bekenntnisses zum Christentum wurde sie später von ihm enthauptet. Barbara wird u. a. als Nothelferin in der Sterbestunde angerufen – ihr Attribut ist deshalb der Kelch. Wie hier wird der Turm, in dem sie gefangen war, häufig im Hintergrund gezeigt.

PSEUDO-BOLTRAFFIO
Lombardische Schule. Tätig zwischen 1500 und 1520. Sein Name und die zeitliche Einordnung seiner Bilder waren bisher nicht zu ermitteln. Beeinflußt von Leonardo da Vinci, Giovanni Boltraffio, Giovanni Solario und Marco d'Oggiono.

42. MARIA MIT DEM KIND
Nußbaumholz. 64 x 44 cm.
Erworben 1821 aus der Sammlung Solly.
Kat.Nr. 214
Die Mutter und das unbekleidete Kind werden ohne Nimben gezeigt. Da auch andere Hoheitszeichen fehlen, ist die Darstellung nur an den symbolhaften Gegenständen erkennbar, die Maria in den Händen hält: dem Buch und der roten Rose, die dem Christkind gereicht wird; sie mag hier als verschlüsselter Hinweis auf die künftige Passion gelten.

BONIFAZIO DE' PITATI, GENANNT VERONESE ODER VENEZIANO
Venezianische Schule. 1487 Verona – 1553 Venedig. Beeinflußt von Giorgione, Palma und Tizian. Seit 1529 nachweisbar in Venedig tätig.

43. ALLEGORIE VON KRIEG UND FRIEDEN
Leinwand. 108 x 94 cm.
Erworben 1841/42 in Italien.
Kat.Nr. 176 (früher Venezianisch um 1530/40)

Nr. 43

Die Göttin des Friedens verbrennt eine Fahne und Kriegsgerät; rechts im Bild der Gott des Krieges. Sein Schild zeigt die Farben der venezianischen Familie Contarini.

Das Gemälde gehört der Anlage nach in eine Folge dekorativer Darstellungen mit ähnlichen mythologischen oder allegorischen Inhalten, wie sie zum Schmuck von Privathäusern in der Renaissance gern in Auftrag gegeben wurden.

BORDONE, PARIS

Venezianische Schule. 1500 Treviso – 1571 Venedig. Schüler Tizians. Beeinflußt vornehmlich von diesem, aber auch von Giorgione, später von Pordenone, Garofalo sowie Lorenzo Lotto. Tätig in Venedig, in der Lombardei, Paris und Augsburg.

44. THRONENDE MARIA MIT DEM KIND UND VIER HEILIGEN
Pappelholz, oben halbrunder Abschluß. 296 x 179 cm.
Erworben 1821 aus der Sammlung Solly.
Kat.Nr. 191
Der Bildtypus der thronenden Maria mit dem Kind zwischen Heiligen ist als Sacra Conversazione (ital., heiliges Gespräch) während des 15. bis zum 16. Jahrhundert stark verbreitet. Der Thron gilt, ausgehend vom Buch Salomonis (1. Buch der Könige 10, 18–20), als Sitz der Weisheit. Die Madonna reicht dem Kind einen Apfel, hier als Symbol der Überwindung der Erbsünde zu deuten.

Links oben im Bild Rochus (geb. Ende des 13. Jahrhunderts) in Pilgerkleidung; er gilt als Pest- und Seuchenheiliger. Vor ihm Fabianus (236 – 250 Papst), der unter Kaiser Decius geköpft wurde (Legenda aurea, S. 137); die Märtyrerpalme auf der Tiara weist darauf hin. Rechts oben Katharina von Alexandrien, unter Kaiser Maxentius (306 – 312) hingerichtet. Die Palme des Märtyrers und das Rad als ein Instrument ihrer Folter sind ihr beigegeben (Legenda aurea, S. 991 ff.). Davor Sebastian, Anführer der Leibwache des römischen Kaisers Diokletian. Nach seiner Bekehrung zum Christentum starb er den Martertod. Seit dem 14. Jahrhundert meist nackt, von Pfeilen durchbohrt, dargestellt. Schutzheiliger in Zeiten der Pest.

BORZONE, FRANCESCO MARIA

Genuesische Schule. 1625 – 1679 Genua. Schüler seines Vaters Luciano. Beeinflußt von Salvator Rosa, Claude Lorrain und Gaspard Poussin. Hofmaler Ludwigs XIV. Tätig in Genua und Paris.

45. STÜRMISCHE SEE
Leinwand. 75 x 112 cm.
Erworben 1842 aus dem Kunsthandel Berlin.
Kat.Nr. 421
Borzone ist ein Schöpfer von sog. idealen Landschaften, deren strenge, das Naturvorbild durchdringende Prinzipien sich vor allem in der römischen Malerschule des 17. Jahrhunderts entwickelten und für die gesamte europäische Landschaftsmalerei des Barock vorbildlich waren. In sie können als eine mögliche Variante – wie hier – dramatische, Gefühlswerte vermittelnde Elemente einfließen.

Nr. 44

Hieronymus Bosch (1450 – 1516) hatte um die Mitte des 16. Jahrhunderts große Popularität, und seine Bilder wurden rege kopiert. Nur wenige Kopisten sind namentlich bekannt.

46. ANBETUNG DER KÖNIGE
Kopie des Mittelbildes eines ca. 1510 entstandenen Flügelaltars im Prado-Museum Madrid.
Eichenholz. 114 x 71 cm.
Erworben 1837 durch G. F. Waagen.
Kat.Nr. 1223
Boschs Gemälde in Madrid, das über das traditionelle Thema der Anbetung der Könige, wie sie im Evangelium Matthäus 2, 1–11 vorgegeben ist, weit hinausgeht, erfuhr auf Grund seines komplizierten ikonographischen Detailreichtums eine Reihe sehr voneinander abweichender Interpretationen. Die Opfergaben und Ornate der Heiligen drei Könige enthalten Symbole der Passion und des Todes Christi – so zum Beispiel die goldene plastische Darstellung von Abrahams Opfer zu Füßen der Madonna, die Krone zu seiten des knienden Königs mit zwei Pelikanen auf ihrer Spitze, die vom Mohrenkönig in der Linken gehaltene goldene Erdbeere. Die in der Ferne sichtbare, teils phantastische Stadt, das himmlische Jerusalem mit dem die Geburt Christi verheißenden Stern, kündet bereits von der durch das Opfer des Gottessohnes möglichen Erlösung der Menschheit nach dem Jüngsten Gericht, das zugleich durch die Reiterscharen angedeutet wird. Als Gegenwelt werden jedoch zugleich in moralisierender Zielsetzung die mannigfaltigen Kräfte des Bösen vorgeführt, insbesondere in der Gestalt des sich als jüdischen Messias und Propheten tarnenden Antichrist im Eingang des Stalles, des Symbols des zusammengebrochenen alten jüdischen Glaubens, im merkwürdigen Verhalten der Hirten und dem Gaukler im Mittelgrund, beides Narrheit und Sünde der Menschheit suggerierend.

BOTH, JAN
Holländische Schule. 1610 – 1652 Utrecht. Schüler des Abraham Bloemaert. Reisen nach Frankreich und Italien. In Rom Einfluß von Claude Lorrain. Tätig vornehmlich in Utrecht.

47. ITALIENISCHE LANDSCHAFT
Leinwand. 92 x 99 cm.
Erworben 1926.
Kat.Nr. 1969

BOTTICINI, FRANCESCO
Florentinische Schule. 1445/46 – 1497 Florenz. Schüler von Neri di Bicci, jedoch vornehmlich beeinflußt von Andrea del Castagno, Andrea del Verrocchio, sowie auch von Filippino Lippi. Seit Ende der 70er Jahre als selbständiger Meister in Florenz tätig.

48. MARIA MIT DEM KIND, DEM JOHANNESKNABEN UND ZWEI ENGELN
Pappelholz. 83 x 65 cm.
Erworben 1983 aus Privatbesitz.
Kat.Nr. 2268

BOUTS, AELBERT (AELBRECHT)
Südniederländische Schule. 1452/60 – 1549 Löwen. Zweiter Sohn des Dirk Bouts. Erwähnt 1476 und 1479 in Löwen. Malte im Stile seines Vaters und unter Einfluß von Hugo van der Goes Altarbilder. Wirkte auch als Restaurator. Rund dreißig Werke zugeschrieben.

49. KLAGE UM DEN LEICHNAM CHRISTI
Eichenholz. 77 x 54 cm.
Erworben 1821 aus der Sammlung Solly.
Kat.Nr. 536
Berichte der Evangelien über die Passion Christi. »Klage« (auch Pietà oder Vesperbild in der Plastik) zwischen Kreuzabnahme und Grablegung, als selbständiges Bildmotiv vor allem im 14. und 15. Jahrhundert nördlich der Alpen. Es entspricht der Hinwendung zu vertiefter volkstümlicher Frömmigkeit. Der Gläubige wird zu inniger Anteilnahme aufgerufen.

BRINI, FRANCESCO
Florentinische Schule. Um 1540 Florenz – um 1600 Volterra. Beeinflußt von Andrea del Sarto und Michelangelo. Tätig in Florenz und Volterra.

50. MARIA MIT DEM KIND UND DEM JOHANNESKNABEN
Pappelholz. 78 x 61 cm.
Erworben 1821 aus der Sammlung Solly.
Kat.Nr. 346

BRUEGHEL D. Ä., JAN, GENANNT DE FLUWEELEN- ODER SAMMETBRUEGHEL
Flämische Schule. 1586 Brüssel – 1625 Antwerpen. Sohn Pieter Brueghels d. Ä., Schüler des Pieter Goetkint. Freund und Mitarbeiter von Rubens. Reisen nach Italien und Deutschland. Tätig in Antwerpen.

51. FEST DES BACCHUS
Eichenholz. 65 x 94 cm.
Die Figuren von Johann Rottenhammer (Deutsche Schule, 1564 – 1623).
Aus den ehemals Königlichen Schlössern Berlin.
Kat.Nr. 688
Bacchus (Dionysos), antiker Weingott, Ceres, Göttin des Korns, Pomona, Satyrn und Putten umringen Venus, Göttin der Liebe. Links im Hintergrund naht Silen

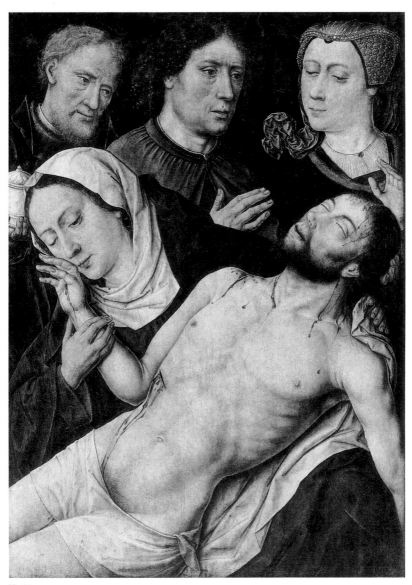

Nr. 49

Nr. 51

Nr. 53

mit dem Esel und Gefolge. Rechts hinten Europa und der Stier. Die Szene illustriert den Spruch: »Sine Baccho et Cerere friget Venus« (Ohne Wein und Brot muß die Liebe frieren), ein im Barock beliebtes Thema, das in Form sog. Göttermahle oft dargestellt wurde.

BUNDEL, WILLEM VAN DEN

Holländische Schule. 1577 Brüssel – 1656 Delft. Tätig in Amsterdam und Delft, 1623 dort in der Lukasgilde, mehrfach deren Vorstand. Wenige Bilder nachweisbar.

52. DER PROPHET ELISÄUS VERFLUCHT DIE IHN VERSPOTTENDEN KINDER

Holz. 57 x 80,5 cm.
Bezeichnet rechts unten: W. van Bundelen
Erworben 1821 aus der Sammlung Solly.
Kat.Nr. 713
Elisäus, Prophet des Alten Testaments, wirkte in der 2. Hälfte des 9. Jahrhunderts v. u. Z. Wegen seiner Kahlköpfigkeit soll er von den Knaben verspottet worden sein, die durch Elisäus' Fluch von einem Bären zerrissen werden (Altes Testament, Könige 2, 23–24).

BUYTEWICH, WILLEM PIETERSZ.

Holländische Schule. 1591 – 1624 Rotterdam. Tätig in Haarlem – dort 1612 in der Lukasgilde und Rotterdam.

53. LUSTIGE GESELLSCHAFT

Leinwand. 65 x 81 cm.
Erworben 1926.
Kat.Nr. 1983
Die Szene ist gleichzeitig eine Allegorie der fünf Sinne: Gehör, Geschmack, Gesicht, Geruch, Gefühl, letzteres durch das Paar in der Mitte verkörpert. Der aus dem Bild blickende junge Mann ist der Künstler selbst.

CAMBIASO, LUCA

Genuesische Schule. 1527 Moneglia – 1585 Madrid. Schüler seines Vaters Giovanni. Angeregt durch Perino del Vaga, Pordenone und Beccafumi sowie durch Michelangelo. Tätig in Genua, Rom und seit 1583 als Hofmaler Phillips II. in Madrid.

54. CARITAS

Leinwand. 137 x 107 cm.
Erworben 1815 aus der Sammlung Giustiniani (Einzelerwerbung).
Kat.Nr. 358
Caritas (lat., Nächstenliebe), eine der christlichen Tugenden, die durch sehr verschiedene Attribute gekennzeichnet werden kann. Seit dem 15. Jahrhundert kennt man in Italien – wohl infolge der Einflüsse antiker Kunstwerke – die Darstellung der Caritas als Frauengestalt mit Kindern. Sie findet von dort aus Verbreitung.

Nr. 55

Nr. 57

36

CANALETTO, GIOVANNI ANTONIO CANAL, GENANNT CANALETTO
Venezianische Schule. 1697 – 1768 Venedig. Schüler seines Vaters Bernardo, Vervollkommnung der Ausbildung bei Luca Carlevaris und Marco Ricci. Tätig in Venedig, Rom und London.

55. ITALIENISCHE PHANTASIEVEDUTE
Leinwand. 28 x 41 cm.
Erworben 1926 als Geschenk der Galerie Rothmann, Berlin.
Kat.Nr. 1990
Darstellungen wie diese bezeichnet man als Capriccio (ital., Laune, Grille), da sie erfundene Architekturen – häufig unterschiedlicher Stilepochen – zu einem reizvollen Ensemble zusammenfügen, das in der Realität nirgendwo existiert.

CANDID, PIETER DE WITTE, GENANNT CANDID
Flämische Schule. Maler von Historien und Baumeister. Um 1548 Brügge – 1628 München. Schüler und Mitarbeiter Vasaris in Florenz, dort 1576 in der Accademia del Disegno. 1581/82 in Rom. 1586 auf Empfehlung Giovanni da Bolognas an den Hof Herzog Wilhelms V. nach München, dort Arbeiten für die Michaelskirche, für die Residenz und 1617 Deckenbilder für Schloß Schleißheim. 1619 Entwurfszeichnungen für den Goldenen Saal des Augsburger Rathauses.

56. AENEAS WIRD VON VENUS IN DEN OLYMP AUFGENOMMEN
Kupfer. 57 x 42 cm.
Erworben 1927 im Berliner Kunsthandel durch den Kaiser-Friedrich-Museums-Verein.
Kat.Nr. 2018
Venus salbt den Körper ihres und des Anchises Sohn Aeneas mit Ambrosia und verleiht ihm dadurch Unsterblichkeit (Ovid, Metamorphosen XIV, 597–609). Zwei weiße Tauben, die der Venus geweihten Tiere, ziehen den Prunkwagen, Amor begleitet Venus. Aeneas steht im Wasser des Flusses Numicius, der auf Geheiß der Venus den Sohn von allem Sterblichen reinwaschen sollte. In den Wolken die olympischen Götter im Halbrund: In der Mitte oben Jupiter mit Blitzbündel und Adler, der Sonnenwagen des Helios und Merkur; rechts Neptun, links Hephaistos.

Aeneas, Sohn eines Sterblichen und einer Göttin, galt den Römern durch seine Pflichterfüllung gegenüber den heimischen Göttern, deren Kultbilder er ebenso wie seinen greisen Vater aus dem brennenden Troja rettete, als Verkörperung von »religio« und »pietas«. Er war somit Nationalheros und Ahnherr des Kaisergeschlechts der Julier.

CARIANI, GIOVANNI BUSI, GENANNT CARIANI
Venezianische Schule. 1485/90 Fuipiano oder Venedig – nach 1447 Venedig. Beeinflußt von der Bellini-Schule, vornehmlich von Cima da Conegliano, sowie von Giorgione und Palma, im Porträtschaffen von Lorenzo Lotto. Tätig in Bergamo und Venedig.

57. ANBETUNG DER HIRTEN
Leinwand. 177 x 167 cm.
Erworben 1918 aus Privatbesitz.
Kat.Nr. 2179
Zum Thema vgl. Nr. 4.
  Im Hintergrund rechts der Zug der drei Weisen aus dem Morgenland.
58. BILDNIS EINES ASTRONOMEN
Leinwand. 92 x 82 cm.
Erworben 1958 durch Überweisung.
Kat.Nr. 2201
Berufsattribut des Dargestellten ist eine Armillarsphäre, ein in dieser Zeit entwik-
keltes dreidimensionales Modell des Kosmos. Die Übersetzung der griechischen
Inschrift rechts auf der Brüstung lautet: »den Nachkommenden«, die beschädigte
Zahl AN XI VIII (I=L, d.h. im 48. Lebensjahr) gibt das Alter an.

CARLONE, CARLO INNOCENZO

Lombardische Schule. 1686 – 1775 Scaria. Schüler des Giulio Quaglia in Venedig und des Francesco Trevisani in Rom. Tätig in Österreich, Deutschland, Böhmen und der Schweiz sowie in Rom und Oberitalien.

59. DIE HIMMELFAHRT MARIAE

Modello für ein Deckengemälde.
Leinwand. 119 x 112 cm.
Erworben 1936 durch Überweisung.
Kat.Nr. 2147

Der ital. Begriff »modello« bezeichnet die am weitesten getriebene Vorlage für ein großformatiges Kunstwerk. Abänderungen, eigenhändige Repliken des Künstlers oder Kopien dieser Entwurfsstufe sind möglich.

Die Himmelfahrt ist von allen Marienfesten wohl am frühesten gefeiert worden. Vorstellungen über diesen Vorgang beruhen auf apokryphen Texten und wurden häufig angegriffen, da sie den Gedanken an eine Auferstehung Marias aus der besonderen Gnade Gottes voraussetzen und ihre Rolle in der Heilsgeschichte stark betonen, wofür es in anerkannten Bibeltexten keine Belege gibt. Mit der Hochrenaissance gewinnt die selbständige ikonographische Entwicklung des Bildthemas zunehmend an Bedeutung (vgl. Nr. 300). Auf dieser barocken Darstellung wird die emporgehobene Maria von der heiligen Dreieinigkeit empfangen und von Engeln angebetet; damit wird ihre besondere Stellung in der himmlischen Hierarchie betont.

CARPIONI D. Ä., GIULIO

Venezianische Schule. 1611 Venedig – 1674 Verona. Schüler des Alessandro Varotari, beeinflußt von Simone Cantarini. Neben religiösen Darstellungen schuf er vorwiegend Tafelbilder mit mythologischen Szenen und Bacchanale. Tätig in Venedig, Vicenza, Padua und Verona.

60. NYMPHE UND SATYR (ZEUS UND ANTIOPE)

Leinwand. 51 x 70 cm.
Erworben 1925 als Geschenk W. v. Bodes.
Kat.Nr. 1949

Satyrn werden gewöhnlich als übermütig und lüstern geschildert; der Überfall auf Nymphen wird häufig dargestellt. In Gestalt eines Satyrn näherte sich auch der Göttervater Zeus der schlafenden thebanischen Königstochter Antiope. Die Söhne aus dieser Verbindung, Zethos und Amphion, herrschten später über Theben (Ovid, Metamorphosen VI, 110 f.).

Deutlich erotische Akzente weisen das Bild als Privatauftrag aus – derartige Motive gewannen im Barock zunehmend an Beliebtheit (zu Details im Bild vgl. Nr. 211).

JUAN DE CARREÑO DE MIRANDA
Spanische Schule. 1614 Aviles – 1685 Madrid. Schüler von Pedro de Cuevas, beeinflußt von Antonio Pereda, Diego Velázquez sowie den Werken der großen Meister in den königlichen Sammlungen. Tätig in Madrid für die bedeutendsten Klö-
ster und den Hof, zeitweilig in Toledo; Hof- und Kammermaler.

61. BILDNIS KÖNIG KARLS II. VON SPANIEN ALS KNABE
Ganzfigur.
Leinwand. 205 x 142 cm.
Bezeichnet rechts über dem Tisch: JOANNES A CARRENNO/PICTOR REG.
ET, CVBIVB / FAC, ANNO, 1673; am Fuß des Konsoltisches die Inschrift: AE-
TAT. SVE. XII ANN.
Erworben 1836 als Geschenk des Freiherrn von Werther.
Kat.Nr. 407
Karl II. wurde 1661 als Sohn König Philipps IV. und seiner zweiten Gemahlin, der
österreichischen Erzherzogin Maria Anna, geboren. 1665 – nach dem Tode seines
Vaters – wurde er König von Spanien; bis 1675 übte seine Mutter die Regentschaft
aus. – Er starb 1700 ohne Nachfolger; dies führte zum spanischen Erbfolgekrieg.

CASTIGLIONE, GIOVANNI BENEDETTO
Genuesische Schule. Um 1600 Genua – 1670 Mantua. Ausgebildet u.a. durch Giovanni Battista Paggi und Giovanni Andrea de' Ferrari. Beeinflußt durch namhafte holländische und flämische Meister seiner Zeit. Tätig in Genua und Venedig sowie in Bologna, Rom, Neapel und Mantua.

62. DEUKALION UND PYRRHA
Leinwand. 83,3 x 107 cm.
Bezeichnet rechts an dem Altar: Gio: be Ca 1655
Erworben 1931 aus dem genuesischen Kunsthandel.
Kat.Nr. 2078
Deukalion, der Sohn des Prometheus, entkam als der einzige Mensch mit seiner
Gattin Pyrrha der großen Flut, indem er auf Rat des Prometheus einen Kasten
baute, der ihn nach einer Fahrt von neun Tagen und neun Nächten am Parnass
landen ließ. Hier opferten sie dem Zeus und erzeugten ein neues Menschenge-
schlecht, indem sie auf Geheiß des Orakels die »Gebeine der Mutter« (der Göttin
Gaia, Erde), d.h. Steine, rückwärts warfen (Ovid, Metamorphosen IV. 123 ff.).

CATENA, VINCENZO
Venezianische Schule. Um 1470/80 Venedig (?) – 1531 Venedig. Mitarbeiter Giorgiones. Beeinflußt von Giovanni Bellini, Palma, im Bildnisschaffen auch von Lorenzo Lotto.

63. MARIA MIT DEM KIND, VIER HEILIGEN UND DEM STIFTER
Halbfiguren.
Leinwand. 87 x 152 cm.
Erworben 1821 aus der Sammlung Solly.
Kat.Nr. 19

Nr. 62

Nr. 63

Als ein besonderer Kompositionstypus begann sich im letzten Drittel des 15. Jahrhunderts in Oberitalien das Halbfigurenbild durchzusetzen; es wurde vorwiegend im Umkreis des Giovanni Bellini gepflegt.

Auf der linken Bildseite steht neben dem hl. Joseph Johannes der Täufer; rechts neben der Madonna die hl. Katharina von Alexandrien und der hl. Ludwig (1215–1270), Bischof von Toulouse, der zugunsten seines Bruders Robert von Anjou auf die Krone von Neapel verzichtete. Die Darstellung zeigt ihn – wie allgemein üblich – im Bischofsornat über der Franziskanerkleidung. Der von ihm empfohlene Stifter ist wahrscheinlich der Dichter Lodovico Ariost (1474–1533), Schöpfer der frühesten eigenständigen italienischen Komödien und des Poems »Orlando furioso« (»Der rasende Roland«).

CECCO DEL CARAVAGGIO

Um 1620 in Rom tätiger Meister. Geburts- und Sterbedaten unbekannt. Er war vermutlich französischer oder flämischer Nationalität. Stark beeinflußt vom Werk des Michelangelo da Caravaggio.

64. CHRISTUS TREIBT DIE WECHSLER AUS DEM TEMPEL

Leinwand. 128 x 173 cm.
Erworben 1815 aus der Sammlung Giustiniani.
Kat.Nr. I. 447

Eine der wichtigsten Handlungen Jesu in Jerusalem ist die Reinigung des Tempels, dessen Bestimmung als Stätte der Besinnung und Läuterung er durch den Handel mit Opfergaben und Geldgeschäfte verletzt findet. Er jagt die Händler hinaus (Evangelien des Matthäus 21, 12–13; Lucas 19, 45–46). Der Künstler transponierte den biblischen Vorgang durch die zeitgenössische Kleidung der Gestalten und durch Wiedergabe von Renaissance-Architektur in seine Gegenwart.

CERRINI, GIOVANNI DOMENICO

Römische Schule. 1609 Perugia – 1681 Rom. Schüler von Domenico Scaramuccia in Perugia sowie von Guido Reni und Domenichino in Rom. Tätig in Rom, zeitweilig in Florenz und Neapel.

65. VENUS UND ANCHISES

Leinwand. 98 x 131 cm.
Erworben 1821 aus der Sammlung Solly.
Kat.Nr. 447

Der trojanische Fürst Anchises, Vater des Äneas, enthüllte entgegen einem Versprechen seine Liebesbeziehung zur Göttin Aphrodite (lat. Venus) und wurde dafür nachfolgend von Zeus durch einen Blitzschlag gelähmt.

CIMABUE, GIOVANNI, SCHULE

Florentinische Arbeit aus der 2. Hälfte des 13. Jahrhunderts.

66. MARIA MIT DEM KIND

Pappelholz. 39 x 26 cm.
Erworben 1821 aus der Sammlung Solly.
Kat.Nr. 1306

Nr. 64

CLAESZ., PIETER ?
Holländische Schule. Um 1597 Burgsteinfurt (Westfalen) – 1661 Haarlem. Neben
Willem Claesz. Heda Begründer und Hauptmeister des monochromen Früh-
stücksstillebens. Tätig in Haarlem.

67. STILLEBEN MIT TRINKGEFÄSSEN UND FRÜHSTÜCK
Leinwand. 117 x 175,5 cm.
Erworben 1874 aus der Sammlung Suermondt, Aachen.
Kat.Nr. 948 A
Angebrochene Speisen und gestürzte Gefäße weisen in der Regel auf die Vergäng-
lichkeit hin. In ein derart repräsentatives Stilleben eingeordnet, ist diese Sinnge-
bung nebensächlich.

CLERCK, HENDRICK DE
Flämische Schule. Um 1570 – 1629 Brüssel. Malte vorwiegend kleinfigurige Historien und Allegorien. Vermutlich Schüler des Maerten de Vos. Seit 1606 Hofmaler
in Brüssel. Zusammenarbeit mit Denis van Alsloot und Jan Brueghel d. Ä.

68. MINERVA BEI DEN MUSEN
Leinwand. 102 x 139 cm.
Aus den ehemals Königlichen Schlössern Berlin.
Kat.Nr. 681
Minerva, römische Göttin der Künste und Fertigkeiten, Schutzherrin des Hand-
werks, der Lehrer, Künstler und Ärzte. Neun weibliche Gestalten verkörpern die
Musen, seit der Antike Schutzgöttinnen aller geistigen Tätigkeiten, Töchter der

Nr. 69

Mnemosyne und des Zeus. Sie umgeben, in einer Landschaft sitzend, Minerva, um ihre Fertigkeiten vorzuführen. Acht von ihnen musizieren. Die mit einem Buch den Kreis anführende Muse kann Clio – Muse der Geschichtsschreibung – sein (Ovid, Metamorphosen V, 250–268, 24).

CLEVE, CORNELIS VAN
Südniederländische Schule. 1520 – nach 1594 Antwerpen. Sohn und Schüler des Joos van Cleve. Nicht in den Antwerpener Gildelisten. Sein Werk ist anhand einer »Anbetung« in Antwerpen (Museum) zusammengestellt worden. 1554 soll er in England geisteskrank geworden sein und hat deshalb auch den Beinamen »Sotte Cleve«.

69.   MARIA MIT DEM SCHLAFENDEN KIND
Eichenholz. 80 x 65 cm.
Erworben 1821 aus der Sammlung Solly.
Kat.Nr. 653

CLEVE, JOOS VAN
Südniederländische Schule. 1480/85 Cleve – 1540 Antwerpen. Einfluß von Jan Joost von Calcar. Ausgebildet vermutlich in Brügge. 1511 Freimeister der Lukasgilde. 1530/35 tätig als Bildnismaler am Hofe König Franz' I. von Frankreich. Vermutlich besuchte er auch England. Angeregt auch durch italienische Meister.

70.   MARIA MIT DEM KIND
Eichenholz. 40 x 53 cm.
Erworben 1821 aus der Sammlung Solly.
Kat.Nr. 611

COECKE, PIETER COECKE VAN AELST
Südniederländische Schule. 1502 Aelst – 1550 Brüssel. Schüler des Barent van Orley 1517–1521. Italienreise 1521–1527, danach bis 1544 tätig in Antwerpen. 1533 in Konstantinopel, 1534 Hofmaler Karls V., 1535 mit dessen Flotte von Barcelona nach Tunis gereist. Pieter Coecke war der Lehrer Pieter Brueghels d. Ä., der eine Tochter Coeckes ehelichte. Er entwarf Bauwerke, Teppiche und Glasfenster und hat Bedeutung auch als Schriftsteller und Herausgeber u.a. der Werke von Vitruv und Serlio. Einer der wichtigsten italienisch beeinflußten Renaissancemeister in den südlichen Niederlanden.

71.   DIE KREUZTRAGUNG CHRISTI
Eichenholz. 107 x 80 cm.
Erworben 1821 aus der Sammlung Solly.
Kat.Nr. 668
Verschiedene Stationen der Passion Christi werden im Landschaftsprospekt zusammengefügt, beginnend mit der miniaturhaft angedeuteten Zurschaustellung des gegeißelten Christus durch Pilatus (Ecce homo, Johannes 19, 4–15) innerhalb der Mauern von Jerusalem. Der dornengekrönte Christus ist unter der Last des Kreuzes zusammengebrochen, das von Simon von Cyrene und von einem der Soldaten (möglicherweise Longinus, der als Zeuge der Passion zum christlichen

Nr. 74

Glauben bekehrt wurde) gestützt wird. An Johannes dem Evangelisten und den drei Marien vorbei führt der Zug, an dessen Spitze die zwei gemeinsam mit Christus gekreuzigten Schächer gehen, zum Berg Golgatha, dem Ort der – ebenfalls angedeuteten – Kreuzaufrichtung (Johannes 19, 17).

72. DIE ANBETUNG DER KÖNIGE. FLÜGELALTAR
Eichenholz. Mittelbild oben geschweift. 105 x 68 cm.
Flügel je 107 x 29 cm.
Erworben 1821 aus der Sammlung Solly.
Kat.Nr. II/208
Zum Thema vgl. Nr. 46.

CONTI, BERNARDINO DE'
Lombardische Schule. 1450 Pavia (?) – 1525/28. Wahrscheinlich Schüler von Zenale und Civerchio. Beeinflußt von der älteren lombardischen Malerschule, vornehmlich von Vincenzo Foppa, nachfolgend von Leonardo da Vinci. Tätig vorwiegend in Mailand.

73. BILDNIS DES LUIGI BESOZZI
Pappelholz. 73 x 50 cm.
Erworben 1821 aus der Sammlung Solly.
Kat.Nr. I 124
Die Inschrift am oberen Bildrand nennt – wie gebräuchlich in lateinischer Sprache – den Namen und das Alter des Dargestellten sowie das Entstehungsjahr des Porträts: + ALVISIVS BEXUTIUS + ANNORUM 36 + 1506 +

CORNELISZ. VAN HAARLEM, CORNELIS

Holländische Schule. 1562 – 1638 Haarlem. Schüler des Pieter Pietersz. in Haarlem und des Gillis Coignet in Antwerpen. Reise nach Frankreich 1579. Tätig seit 1583 in Haarlem. Hauptmeister der Haarlemer akademischen Richtung.

74. BATHSEBA IM BADE
Leinwand. 102 x 130 cm.
Bezeichnet links unten: CH 1617
Erworben 1821 aus der Sammlung Solly.
Kat.Nr. 734
Bathseba, Gattin des Uria, der von König David an die vorderste Kriegsfront befohlen wurde. David belauscht Bathseba beim Bade. Später wird sie zu seiner Geliebten und nach Urias Tod zu seiner Frau. Aus der Ehe ging Salomo, späterer König Israels, hervor (Altes Testament, 2. Buch Samuelis 11 und 12).

CORNELISZ., JACOB CORNELISZ. VAN OOSTZANEN/ VAN AMSTERDAM

Nordniederländische Schule. Vor 1470 Oostzanen – 1533 Amsterdam. Nachweisbar in Amsterdam seit 1500, wo er als Erster Künstler der Stadt galt. Ausgebildet in Haarlem, beeinflußt auch von Dürer. Er war Maler und Zeichner für den Holzschnitt, als solcher zwischen 1507 und 1523 sehr populär. Neben Lucas van Leyden und Cornelisz. Engelbrechtsen war er der bedeutendste Maler dieser Periode in den nördlichen Niederlanden.

75. LEGENDENSZENEN AUS DEM LEBEN DES HEILIGEN HUBERTUS VON LÜTTICH. Vermutlich Flügel eines Altars.
Eichenholz. 118 x 68 cm.
Erworben 1821 aus der Sammlung Solly.
Kat.Nr. 604
Hubert von Lüttich folgte um 705 dem hl. Lambert auf dem Bischofsstuhl von Tongres und Maastricht nach, war 722–727 erster Bischof von Lüttich und missionierte das Ardennengebiet.

Auf zwei Ebenen werden Episoden aus dem Leben des heiligen Hubert von Lüttich (665–727) aneinandergereiht, der im Vordergrund als in seiner Jugend gefürchteter Jäger vorgestellt wird. Nach seiner Bekehrung zum christlichen Glauben gelangt Hubert auf einer Pilgerfahrt nach Rom, wo, links dargestellt, ein Engel Papst Sergius den Märtyrertod des heiligen Lambert, des Lehrers von Hubert, verkündet und dessen Bischofsstab und Priestergewänder überreicht. Es schließt sich rechts die durch den Papst selbst vollzogene Bischofskrönung Huberts an, dem in einer Landschaft neben der offenen Säulenhalle der heilige Petrus erscheint und einen goldenen Schlüssel als Geschenk und Zeichen seines geistlichen Amtes darbietet. Die Legende des Heiligen entwickelte sich erst im 15. Jahrhundert, sie ist noch nicht in der Legenda aurea des Jacobus da Voragine vertreten.

Nr. 75

Costa, Lorenzo

Ferraresische Schule. Um 1460 Ferrara – 1535 Mantua. Beeinflußt von Cosmè Tura und Ercole de' Roberti, der venezianischen Malerei und Andrea Mantegna. Tätig in Ferrara und Bologna, seit 1506 ständig in Mantua.

76. BEWEINUNG CHRISTI
Pappelholz. 181 x 137 cm.
Bezeichnet unten links von der Mitte auf einem Zettel: LAVRENTIVS CoSA . M . CCCCC . IIII .
Erworben 1821 aus der Sammlung Solly.
Kat.Nr. 115
Auf dem Felsüberhang des leere Kreuz mit der Leiter, Hinweis auf die vorausgegangene Kreuzabnahme, ein selbständiges ikonographisches Motiv. Im Hintergrund rechts die drei Marien, die am Ostersonntag das leere Grab Christi fanden (Evangelium des Lucas 24, 1–10), und Simon Petrus (Evangelium des Johannes 20, 2).

Crabeth II, Wouter Pietersz.

Holländische Schule. Um 1593 – vor 1644 Gouda. Schüler des Cornelis Ketel in Amsterdam und vermutlich des Abraham Bloemaert in Utrecht. Reisen nach Frankreich und Italien. Seit 1618 in Gouda tätig als Historien-, Genre- und Porträtmaler.

77. DIE FALSCHSPIELER
Leinwand. 133,5 x 169 cm.
Bezeichnet an der Tischkante: W. Crabeth
Erworben 1955 aus dem Besitz des Ministeriums der Finanzen.
Kat.Nr. 2196
Im Kreise der Nachfolger des Italieners Michelangelo da Caravaggio wurde das moralisierende Thema des arglosen, verführten und betrogenen Menschen u.a. in der Darstellung des Falschspiels abgehandelt, wobei die Künstler die zugrunde liegende vorbildliche Komposition Caravaggios – heute verschollen – variierten.

Cranach d. Ä., Lucas

Sächsische Schule. 1472 Kronach – 1553 Weimar. 1505 in Wittenberg. Hofmaler Friedrichs des Weisen. 1508 wird ihm ein Wappenbrief (geflügelte Schlange) verliehen. 1508 Aufenthalt in den Niederlanden. 1513–1516 Arbeiten auf Schloß Hartenfels/Torgau. 1515 gemeinsam mit Dürer, Baldung, Burgkmair u. a. zeichnerische Ausschmückung des Gebetbuches Kaiser Maximilians I. 1519–1545 Mitglied des Rates von Wittenberg. 1520 kurfürstliches Apothekerprivileg. 1523 Reise nach Weimar. 1529 vermutlich für Joachim I. in Berlin tätig. 1537/38 und 1543/44 Bürgermeister Wittenbergs. Lebt seit 1552 bei seinem Schwiegersohn Dr. Christian Brück in Weimar.

78. DAS JÜNGSTE GERICHT. FLÜGELALTAR
Lindenholz. Mittelbild 163 x 125 cm; jeder Flügel 163 x 58 cm.
Erworben aus dem königlichen Schlösserbesitz.
1878 inventarisiert.
Kat.Nr. 563
Wiederholung mit einigen Veränderungen des Gerichtsaltars von Hieronymus
Bosch aus der Galerie der Wiener Akademie (Kat. Nr. 579–581). Der Berliner Altar
wurde vermutlich um 1524 für Friedrich den Weisen in Wittenberg vollendet.

Cranach erweiterte dieses durch Traditionen gebundene Thema dahingehend,
daß er beispielsweise ein Paradies tatsächlich als ausgedehnte Parklandschaft malte (linker Flügel). Damit wird, entgegen sonst üblicher Schilderungen des Themas, eine adäquate Alternative zu den Schrecken der Hölle geboten (Mitteltafel
und rechter Flügel). Zur Thematik des Altars vgl. Nr. 30 (Bellegambe).

CRANACH D. J., LUCAS
Sächsische Schule. 1515 Wittenberg – 1586 Weimar. Schüler seines Vaters L. Cranach d. Ä.. Tätig in Wittenberg, wo er seit 1565 auch das Amt des Bürgermeisters innehatte.

79. BILDNIS DES SÄCHSISCHEN JURISTEN LEONHARD BADEHORN
(1510–1587)
Lindenholz. 76 x 53 cm.
Erworben 1821 aus der Sammlung Solly.
Kat.Nr. 614
Der Dargestellte, Leipzigs Bürgermeister, war seit 1537 Rektor der dortigen Universität und 1552 sächsischer Gesandter auf dem Tridentinischen Konzil (1545 bis 1563).

CRAYER, CASPAR DE
Flämische Schule. 1584 Antwerpen – 1669 Gent. Schüler des R. Coxie in Brüssel. Starker Einfluß von Rubens und von italienischen Meistern. Tätig hauptsächlich in Brüssel und Gent.

80. CHRISTUS IN EMMAUS
Leinwand. 155 x 189 cm.
Aus den ehemals Königlichen Schlössern Berlin.
Kat.Nr. 868
Von Ostern bis zur Himmelfahrt erscheint der auferstandene Christus verschiedenen ihm nahestehenden Personen, u.a. zwei Jüngern, die zum Dorf Emmaus bei Jerusalem gehen. Dort gibt er sich ihnen beim Mahle zu erkennen (Evangelium des Lucas 24, 13–35, und des Markus 16, 12/13).

CREDI, LORENZO DI
Florentinische Schule. Um 1458 – 1557 Florenz. Zunächst Schüler seines Vaters, des Goldschmieds Andrea. Anschließend in der Werkstatt des Andrea del Verrocchio ausgebildet. Beeinflußt von seinem Mitschüler Leonardo da Vinci. Tätig in Florenz und Pistoia.

81. MARIA VON ÄGYPTEN
Pappelholz. 142 x 85 cm.
Erworben 1821 aus der Sammlung Solly.
Kat.Nr. 103
Die heilige Büßerin (gest. 321 u. Z.) lebte ursprünglich als Dirne in Alexandrien. Bei einer Wallfahrt nach Jerusalem wurde sie zum christlichen Glauben bekehrt und zog sich in eine Wüste jenseits des Jordan zurück. Dort wuchs ihr Haar so lang, daß es statt der Kleidung den Körper bedeckte (J. de Voragine, Legenda aurea, S. 310 ff.). Auf dem Bild wird ihr von einem Engel in der Monstranz (lat., Schaugefäß) die geweihte Hostie gebracht. Mit dem Empfang des Abendmahls bereitet sich die Heilige auf ihren Tod vor.

CREDI, LORENZO DI, SCHULE
Florentinische Arbeit nach 1500.

82. MARIA, DAS KIND ANBETEND
Tondo.
Pappelholz. Dm. 73 cm.
Erworben 1821 aus der Sammlung Solly.
Kat.Nr. 89

CRESPI, GIUSEPPE MARIA, GENANNT LO SPAGNUOLO
Bolognesische Schule. 1665 – 1747 Bologna. Schüler des Domenico Maria Canuti
und des Carlo Cignani. Beeinflußt durch die Carracci und Guido Reni, Guerci-
no und die venezianische Malerei. Tätig in Bologna, Venedig, Pistoia und Florenz.

83. ZUG DES SILEN
Leinwand. 89 x 68 cm.
Erworben 1938 durch Überweisung, Berlin.
Kat.Nr. 2182
Silen gehört zu den tierhaften Waldwesen der antiken Mythologie. Häufig wird
er in Gesellschaft von Satyrn und Nymphen, gelegentlich auch von Dionysos
(Bacchus) dargestellt.

CUYLENBURCH, ABRAHAM
Holländische Schule. 1600/20 – 1658 Utrecht. Schüler des Cornelis van Poelenburgh. Tätig in Utrecht.

84. DIANA MIT IHREN NYMPHEN
Eichenholz. 45 x 74 cm.
Bezeichnet rechts unten: A v C
Erworben 1916 aus Privatbesitz.
Kat.Nr. 1747
Diana (griech. Artemis), antike Göttin der Jagd, Hüterin der Keuschheit und Göt-
tin des Planeten Luna (vgl. Nr. 162).

CUYP, AELBERT
Holländische Schule. 1620 – 1691 Dordrecht. Schüler seines Vaters Jacob Gerritsz.
Cuyp. Einfluß von Jan van Goyen. Tätig in Dordrecht.

85. SONNIGE DÜNENLANDSCHAFT
Eichenholz. 49 x 72 cm.
Bezeichnet links unten: A. cuyp.
Erworben 1874.
Kat.Nr. 861 A

86. WINTERLANDSCHAFT MIT TOTEN VÖGELN
Leinwand. 119,3 x 168,5 cm.
Bezeichnet unter rechts: A: Cuyp.
Erworben 1912 als Geschenk aus dem Londoner Kunsthandel.
Kat.Nr. 861 K

Nr. 84

Mit der Darstellung der vierten Jahreszeit kann hier an die Vergänglichkeit erinnert werden, symbolisiert durch das dürre Reisig und die stillebenhaft angeordneten toten Tiere im Vordergrund. – Die Komposition weist das Gemälde als für die obere Raumzone, etwa als Kaminbild, geschaffen aus.

DEUTSCH, ENDE 17. JAHRHUNDERT?

87. DIE SCHLACHT AM KAHLENBERGE
Leinwand. 104,5 x 188,5 cm.
Erworben 1952 durch Überweisung.
Kat.Nr. 2186 A (Gegenstück zu Kat.Nr. 2186)
Das von den Türken belagerte Wien wurde durch die Schlacht am Kahlenberge am 12. September 1683 entsetzt. Die verbündeten deutschen und polnischen Truppen standen unter dem Befehl von Karl V. von Lothringen und König Jan Sobieski. – Oben links die Darstellung Kaiser Leopolds I. (reg. 1658–1705) bei der offiziellen Entgegennahme der Kapitulation des türkischen Heeres durch die Gesandten des Großwesirs Kara Mustapha.
    Die Inschriften weisen auf bedeutende Persönlichkeiten hin, die an der Schlacht teilnahmen.

DEUTSCH, ENDE 17. JAHRHUNDERT?

88. DIE SEESCHLACHT BEI LEPANTO
Leinwand. 104,5 x 188,5 cm.
Erworben 1952 durch Überweisung.
Kat.Nr. 2186 (Gegenstück von Kat.Nr. 2186 A).
Lepanto, am Eingang des Golfs von Korinth, war bis zur Eroberung durch die Türken 1499 stark befestigter venezianischer Stützpunkt. Am 7. Oktober 1571 wurde die zahlenmäßig stärkere Seemacht der Türken hier von einer Flotte geschla-

gen, die Spanien, Papst Pius V. sowie die Republik Venedig ausgerüstet und unter den Oberbefehl von Don Juan d' Austria gestellt hatten. Die Macht der Türken wurde damit erheblich geschwächt. Die Inschriften nennen bedeutende Teilnehmer dieser Seeschlacht.

DEUTSCHER MEISTER
Süddeutsche Schule. Um 1530/40.
89. BILDNIS EINES PATRIZIERS
Eichenholz. 71 x 55 cm.
Bezeichnet rechts in der Mitte auf einem gemalten Zettel:
...A...fc...o...oette...M...F...38...Etate msia 46. et 47
Erworben 1936.
Kat.Nr. B 94

DIETRICH, CHRISTIAN WILHELM ERNST, GENANNT DIETRICY
Deutsche Schule. 1712 Weimar – 1774 Dresden. Ausbildung beim Vater Johann Georg. 1725 bei J.A. Thiele in Dresden. 1731 ernannte ihn August der Starke zum Hofmaler. 1741 von König August III. von Polen als Hofmaler bestätigt. 1748 Inspektor der Dresdener Galerie. 1764 Professur für Landschaftsmalerei an der Dresdener Akademie, gleichzeitig wurde er Direktor der Zeichenschule in Meißen. C.W.E. Dietrich verstand es, sich beliebig künstlerische Handschriften anzueignen. So ahmte er u.a. Rembrandt, van Goyen oder Watteau nach. Gleichzeitig schuf er dabei eine qualitativ hochstehende eigene Malweise.
90. DER WASSERFALL BEI TIVOLI
Leinwand. 88 x 111 cm.
1849 erworben.
Kat.Nr. 1023 A
Der kleine Bau (Monopteros) rechts auf dem Felsen ist der Tempel der Sibylle. – Im Berliner Kupferstichkabinett befindet sich eine Radierung mit gleicher Darstellung, datiert und signiert: Dietricy 1745. Inv.Nr. 157 I.

DOSSI, GIOVANNI BATTISTA DI LUTERI, GENANNT DOSSO DOSSI
Ferraresische Schule. Vermutlich 1479 – 1542 Ferrara. Stark beeinflußt von der venezianischen Malerei, vor allem von Giorgione und Tizian. Tätig in Mantua, vor allem aber in Ferrara und Modena.
91. HEILIGE FAMILIE MIT DEM HEILIGEN FRANZISKUS
Pappelholz. 63 x 48 cm.
Erworben 1815 aus der Sammlung Giustiniani.
Kat.Nr. 227
(Zum Thema vgl. Nr. 99; zur Person des hl. Franziskus vgl. Nr. 276.)

Nr. 90

DUBOIS, GUILLAM (WILLEM)
Holländische Schule. 1610/25 – 1680 Haarlem. Einfluß von Jacob van Ruisdael.
Reisen in Deutschland. Tätig in Haarlem, dort 1646 Meister der Lukas-Gilde.

92. LANDSCHAFT MIT WALDREICHEM FLUSSTAL
Leinwand. 58 x 88 cm.
Bezeichnet rechts unten auf einem Stein: Go. Bois.
Erworben 1843 aus der Sammlung Reimer.
Kat.Nr. 1038

DUGHET, GASPARD DUGHET, GENANNT GASPARD POUSSIN
Französische Schule. 1615 Rom – 1675 ebd. Schüler und Schwager des Nicolas
Poussin. Tätig in Rom, in Perugia, Florenz und Neapel. Maler von sog. heroischen
oder idealen Landschaften.

93. RÖMISCHE GEBIRGSLANDSCHAFT
Leinwand. 95 x 135 cm.
Erworben 1904 aus englischem Privatbesitz.
Kat.Nr. 1626

EECKHOUT, GERBRANDT VAN DEN
Holländische Schule. 1621 – 1674 Amsterdam. Nach 1635 Schüler und Freund
Rembrandts. Tätig in Amsterdam.

94. DER ALTE FELDARBEITER VON GIBEA BIETET DEM LEVIT UND
SEINEM KEBSWEIB UNTERKUNFT
Leinwand. 134 x 165 cm.
Bezeichnet rechts unten: G VD (verbunden) Eeckhout f. 1645
Erworben 1916.
Kat.Nr. 1771
(Altes Testament, Buch der Richter 19, 1 – 30)

ELIAS, NICOLAES, EIGENTLICH ELIASZ. PICKENOY
Holländische Schule. 1590/91 – 1654/56 Amsterdam. Vermutlich Schüler des Cornelis van der Voort. Tätig in Amsterdam. Malte vorwiegend Bildnisse.

95. BILDNIS DES CORNELIS DE GRAEFF, BÜRGERMEISTERS VON
AMSTERDAM
Ganzfigur.
Leinwand. 184 x 104 cm.
Erworben 1874 aus der Sammlung Suermondt, Aachen.
Kat.Nr. 753 A (Gegenstück zu Kat.Nr. 753 B)

95a. BILDNIS DER CATARINA HOOFT, GEMAHLIN DES CORNELIS
DE GRAEFF
Ganzfigur stehend
Leinwand. 185,5 x 105 cm.
Erworben 1874 durch Ankauf aus der Sammlung Suermondt, Aachen.
Kat.Nr. 753 B (Gegenstück zu Nr. 753 A)

Die Dargestellte (1618 – 1691) war die Tochter des Amsterdamer Juristen Pieter Hooft, verehelicht 1635 mit Cornelis de Graeff. Sie ist als Kind dargestellt in dem berühmten Bild von Frans Hals »Amme mit Kind« (z.Z. Westberlin).

SCHULE DER EMILIA, 16. JAHRHUNDERT

96. ANBETUNG DER HIRTEN
Pappelholz. 75 x 60 cm.
Erworben 1821 aus der Sammlung Solly.
Kat.Nr. 288 (früher Pellegrino Tibaldi)
Zum Thema vgl. Nr. 4.
Ungewöhnlich auf einer solchen Darstellung ist die Demonstration von Leidenswerkzeugen durch Engel. Im Zusammenhang mit der Inschrift, die eigentlich zur Verkündigung der Geburt an die Hirten gehört, ist dieses Motiv sicher als Hinweis auf die Erlösung der Menschheit durch die künftige Passion des Kindes zu sehen, die bereits bei seiner Geburt vorbestimmt war. Die Inschrift auf dem von Engeln getragenen Spruchband lautet: GLORIA INNECELSIS DEO ET IN TERRA PAX (»Ehre Gott in den Höhen und auf Erden Frieden« – vgl. Evangelium des Lukas 19, 38).

EVERDINGEN, ALLAERT VAN
Holländische Schule. 1621 Alkmaar – 1675 Amsterdam. Landschaftsmaler. Schüler des Roelant Savery in Utrecht und des Pieter Molyn in Haarlem. Reisen nach Skandinavien. Tätig in Alkmaar, Haarlem und Amsterdam. Seit 1645 Mitglied der Malergilde in Haarlem.

97. BURG AM FLUSS
Leinwand. 124 x 104 cm.
Bezeichnet links unten: A. Everdingen.
Aus den ehemals Königlichen Schlössern Berlin.
Kat.Nr. 913
Das Motiv vermutlich aus den Ardennen.

FALBE, JOACHIM MARTIN
Deutsche Schule. Bildnismaler und Radierer. 1709 Berlin – 1782 ebd. 1730 – 1733 Lehre beim Hofmaler J. Harper. Seit 1733 in der Werkstatt von A. Pesne. Arbeitete am Hof des Fürsten August Ludwig von Anhalt-Cöthen. 1739 dort zum Hofmaler ernannt, im gleichen Jahr Rückreise nach Berlin. Enge Freundschaft mit A. Pesne, der ihm auf dem Totenbett 1757 auftrug, alle seine unvollendeten Porträts fertigzustellen. Seit 1764 Mitglied der Berliner Akademie.

98. HERRENBILDNIS
Dreiviertelfigur.
Leinwand 147 x 113,5 cm.
Erworben 1937 aus dem Berliner Kunsthandel.
Kat.Nr. 2155

Nr. 95

Nr. 95a

FASOLO, BERNARDINO

Lombardische Schule. 1489 Pavia – nach 1526. Schüler seines Vaters Lorenzo. Beeinflußt von der Mailändischen Malerschule und von Pier Francesco Sacchi. Tätig in Genua.

99. DIE HEILIGE FAMILIE
Halbfigurenbild.
Pappelholz. 57 x 50 cm.
Erworben 1815 aus der Sammlung Giustiniani.
Kat.Nr. 209
Die Darstellung der Heiligen Familie – Maria, Joseph und das Christuskind – entwickelte sich in der italienischen Kunst etwa seit der Mitte der 14. Jahrhunderts. Als Andachtsbild war sie bis in das 17. und 18. Jahrhundert hinein beliebt. Dieser Typus appelliert an die Erlebnisfähigkeit des Gläubigen.

FERRARI, DEFENDENTE

Lombardische Schule. Geboren in Chiavasso, Piemont. Urkundlich nachweisbar zwischen 1500 und 1535. Vermutlich Schüler des Gian Martino Spanzetti, beeinflußt von der lombardischen Malerschule und nordeuropäischen Meistern. Tätig in Vercelli.

100. ANBETUNG DES KINDES IN ANWESENHEIT EINES STIFTERS
dat. 1511
Pappelholz. 175 x 80 cm.
Erworben 1821 aus der Sammlung Solly.
Kat.Nr. 1147
Die auf den Stifter bezogene Inschrift auf dem Band, von einem Engel rechts im Bild getragen, lautet: RECTOS DECET COLLAVDATO (lat. Das Lob schmückt die Gerechten).
Die Szene spielt sich in einer Ruinenarchitektur ab – eine der möglichen Varianten bei der Darstellung der Geburt Christi. Links im Hintergrund neben dem hl. Joseph vermutlich eine der Hebammen, die nach J. de Voragine, Legenda aurea, S. 54, herbeigeholt worden sind.

FLANDES, JUAN DE

Südniederländisch-spanische Schule. Um 1465 – 1519 Palencia. Aus der Kunsttradition von Gent und Brügge herkommend, ist Juan stets nur in spanischen Diensten nachweisbar. 1496 in Simancas für Königin Isabella von Kastilien, 1504 in Salamanca, seit 1509 in Palencia tätig.

101. CHRISTUS ERSCHEINT MARIA
Eichenholz. 21,6 x 16 cm.
Erworben 1929 auf der Versteigerung der Sammlung Eduard Simon, Berlin.
Kat.Nr. 2064
Nach den Evangelien ersteht Christus am dritten Tag nach seinem Tod aus dem Grabe auf und erscheint erkannt oder unerkannt seinen Freunden. Die Erscheinung vor seiner Mutter ist nur in den Apokryphen überliefert; z.B. bei Ephraim dem Syrer.

Nr. 101

FLINCK, GOVERT

Holländische Schule. 1615 Cleve – 1660 Amsterdam. Schüler des Lambert Jacobs-zoon in Leeuwarden. 1632 – 1635 Schüler Rembrandts. Tätig in Amsterdam. Malte Historien und Bildnisse.

102. VERSTOSSUNG DER HAGAR

Leinwand. 107 x 135 cm.

Bezeichnet rechts unten: G. Flinck. f.

Aus den ehemals Königlichen Schlössern Berlin.

Kat.Nr. 815

Nachdem Sarah ihrem Manne Abraham den von Gott verheißenen Sohn Isaak geboren hatte, forderte sie Abraham auf, die ägyptische Magd Hagar mit ihrem Sohn Ismael, der ebenfalls von Abraham gezeugt war, aus dem Hause zu treiben, damit nicht beide Knaben erben sollten (Altes Testament, 1. Buch Mose 21, 9–14; vgl. Nr. 287).

103. DARSTELLUNGEN AUS DEM LEBEN DES JUNGEN TOBIAS
Cassonebild.
Pappelholz. 58 x 157 cm.
Erworben 1841/42 in Italien.
Kat.Nr. 142 (Gegenstück zu Kat.Nr. 149)
Das Buch Tobias gehört zu den apokryphen – nicht anerkannten – biblischen
Schriften; dennoch war es literarische Vorlage für zahllose Werke der bildenden
Kunst. Im 15. Jahrhundert bevorzugte man in Italien die Darstellung von der
Wanderung des jungen Tobias unter dem Schutz des Erzengels Raphael: Er zieht
in die Fremde, um für seinen blinden Vater Geld einzufordern; Raphael begleitet
ihn unerkannt als Führer. Unterwegs fängt er im Tigris einen Fisch, dessen Inne-
reien er auf den Ratschlag des Engels hin als Heilmittel aufhebt. Bei seinem Ver-
wandten Raguel vermählt er sich dessen Tochter Sarah. In der Brautnacht ver-
treibt er einen bösen Geist, von dem Sarah besessen ist. Raphael bringt ihn in die
Wüste; im Anschluß reist er ab, um für Tobias bei Gabal, dem Schuldner, das
Geld einzuholen und ihn zur Hochzeit zu bitten (Tobias 4,2 – 9,7).

104. DARSTELLUNGEN AUS DEM LEBEN DES JUNGEN TOBIAS
Cassonebild.
Pappelholz. 58 x 157 cm.
Erworben 1841/42 in Italien.
Kat.Nr. 149 (Gegenstück zu Kat.Nr. 142)
Im Hause Raguels wird anläßlich der Hochzeit ein Festmahl gehalten; danach
nimmt Tobias Abschied von seinen Schwiegereltern und reist nach Hause. Die
Mutter erwartet seine Ankunft auf einem Berg am Wege. Nach der Begrüßung
durch die Eltern heilt Tobias den Vater mit Fischgalle von der Blindheit. Als Vater
und Sohn dem Engel ihre Dankbarkeit bekunden, gibt er sich zu erkennen und
verschwindet (Tobias 9, 8–12, 22).

FRANCESCO DI GIORGIO MARTINI
Sienesische Schule. 1439–1501 Siena. Universaler Künstler, der in allen Bereichen
der bildenden Kunst, der Kunsttheorie und Architektur wirksam wurde. Vermutlich Schüler des Vecchietta. Tätig in Siena, Urbino, Mailand und Neapel.

105. ARCHITEKTONISCHE VEDUTE
Möbeldekoration.
Pappelholz. 124 x 234 cm.
Erworben 1896 aus dem florentinischen Kunsthandel.
Kat.Nr. 1615 (früher Luciano Laurana)
Die Darstellung zeigt architektonische Elemente der Schule des Architekten Lu-
ciano Laurana in Urbino, die durch Bruneleschi und vor allem durch Alberti an-
geregt wurden. Das dekorative Bild wurde als Wandtäfelung oder – wahrschein-
licher – als Rückwand einer »cassapanca« (ital. Truhenbank) verwendet; der
Schmuck von Möbelstücken durch Malerei war verbreitet. Das Motiv könnte mit
Themen der in Urbino glänzend vertretenen Technik der »Intarsia« – Einlege-

arbeit verschiedenfarbiger Holzteile in Möbelstücke – verglichen werden. Hier wird die perspektivische Architekturstudie häufig gezeigt und eine illusionäre Wirkung angestrebt.

FRANCHI, ROSSELLO DI JACOPO

Florentinische Schule. Um 1377 – 1456 Florenz. Seine Tätigkeit ist zwischen 1426 und 1446 dokumentiert; er schuf neben Tafelbildern auch Fresken und Miniaturen. Er blieb den Traditionen der Gotik verpflichtet; beeinflußt von Bicci di Lorenzo.

106. DER LIEBESGARTEN

Cassonebild.

Pappelholz. 43 x 143 cm.

Alter Besitz.

Kat.Nr. 1467 (früher Florentinisch, um 1450)

Die Cassonemalerei (vgl. Nr. 103, 104) war ein beachtenswerter Zweig der florentinischen Malerei des 15. Jahrhunderts. Sie schmückte die flache, vielfältig nutzbare Truhe (cassa), die für die Ausstattung eines italienischen Zimmers in der Renaissance typisch war. Neben mythologischen und allegorischen Darstellungen wurden auch Szenen aus dem geselligen Leben höfischer und bürgerlicher Kreise gestaltet.

Das Liebesgarten-Thema ist eine ikonographische Verschmelzung des christlichen Paradiesgartens mit der in der Romanliteratur des Spätmittelalters vorgestellten höfischen Lebenskultur.

FRANCHOYS, PIETER

Flämische Schule. 1606 – 1654 Mecheln. Schüler seines Vaters Lucas Franchoys und des Gerard Seghers in Antwerpen. Tätig in Mecheln, Antwerpen und Paris. 1649 Meister der Malergilde in Mecheln.

107. BILDNIS EINES JUNGEN MANNES
Halbfigur.
Leinwand. 77 x 57 cm.
Erworben 1893.
Kat.Nr. III. 441

FYT, JAN
Flämische Schule. 1611 – 1661 Antwerpen. Schüler des Jan van den Berch und des Frans Snyders. Reisen nach Paris und Italien. Tätig in Antwerpen, dort seit 1629/30 Meister der Malergilde. Maler von Stilleben und Tierstücken.

108. HUNDE BEI ERLEGTEM WILD
Leinwand. 138,3 x 198,5 cm.
Bezeichnet unter dem Rehbock: Joannes. Fyt. 1649
Erworben 1874 aus der Sammlung Suermondt, Aachen.
Kat.Nr. 883 A

109. STILLEBEN MIT FISCHEN UND BLUMENGIRLANDE
Leinwand. 119,5 x 153,7 cm.
Bezeichnet rechts im Grund: Joannes. Fyt.
Erworben 1904
Kat.Nr. 883 C
Stilleben dieses Motiv-Kreises spiegeln nicht nur Wohlstand und schöne Dinge wider, sondern gehören in den christlichen Sinnkreis von Fasten und Genuß. Die festlich betonte Präsentation der Fische (Fisch – Symbol Christi) weist auf das Abendmahl. Die Anwesenheit des Affen (Symbol der menschlichen Triebhaftigkeit und Narrheit) unterstreicht den moralischen Sinn, sich im Genuß zu mäßigen.

GADDI, AGNOLO
Florentinische Schule. Gest. 1396. Schüler seines Vaters Taddeo sowie des Giovanni da Milano, beeinflußt von der Kunst Giottos und der Norditaliener. Tätig in Florenz, Rom und Prato. Er leitete eine große Werkstatt; sein Stil prägte in starkem Maße die spätgotische Malerei in Florenz.

110. TRIPTYCHON
Mitte: Thronende Maria mit dem Kind
Linker Flügel: Johannes der Evangelist und Johannes der Täufer
Rechter Flügel: Jakobus der Ältere und Bartholomäus
Über dem Mittelbild die Taube des Heiligen Geistes und zwei schwebende Engel; über den Seitentafeln je ein schreibender Kirchenvater (Johannes Chrysostomos, 354 – 407, und Gregor der Große, 540 – 604).
Pappelholz. Mittelbild 117 x 69 cm; Flügel je 118 x 69 cm.
Erworben 1821 aus der Sammlung Solly.
Kat.Nr. 1039 (früher Gherardo Starnina)
Zu Johannes dem Täufer vgl. Nr. 7. Zu Johannes dem Evangelisten vgl. Nr. 38. Die Darstellung des Johannes Ev. als bärtiger Greis ist selten, zumal die ältesten Apostelverzeichnisse ihn als bartlos charakterisieren. Der Apostel Bartholomäus soll unter König Astyages von Armenien getötet worden sein. Sein Attribut ist zu-

Nr. 110

meist das Messer, mit dem ihm die Haut abgezogen worden sein soll. Er ist daher Schutzpatron aller Häute verarbeitenden Gewerbe (J. de Voragine, Legenda aurea, S. 674 ff.). Jakobus d. Ä. wird in den Evangelien bei allen wichtigen Begebenheiten genannt. Er missionierte der Legende nach in Spanien. 44 u. Z. ließ ihn Herodes Agrippa enthaupten. Er ist Schutzpatron der Pilger (J. de Voragine, Legende aurea, S. 526–537).

GAINSBOROUGH, THOMAS

Englische Schule. 1727 Sudbury (Suffolk) – 1788 London. Dort Schüler des französischen Stechers Hubert Gravelot, beeinflußt von Werken Ruysdaels und Haymans. Tätig in Sudbury 1748, Ipswich 1752, Bath 1760 und London 1764. 1768 gehörte er zu den Mitbegründern der Königlichen Akademie in London. Gainsborough zählt zu den bedeutendsten Porträt- und Landschaftsmalern des 18. Jahrhunderts in England.

111. BILDNIS DES SQUIRE JOHN WILKINSON
Ganzfigur, sitzend in Landschaft.
Leinwand. 234 x 145 cm.
Erworben 1904 als Geschenk von Alfred Beit, London.
Kat.Nr. 1638
John Wilkinson of Potterton Baxwich-in-Elmet, Grafschaft York in England (1728–1808) war ein Pionier im Eisenhüttenwesen, Eigner mehrerer Fabriken, die

u.a. Material für Kanonen produzierten. 1779 baute er zusammen mit Darby die erste Eisenbrücke über den Fluß Severn zwischen Madeley und Broseley in der Grafschaft Shropshire. Wilkinson ging als »Great Staffordshire Ironmaster« in die englische Industriegeschichte ein. Als Anhänger von Tom Paine und als Atheist erlangte er lokale Berühmtheit, die in humoristischen Balladen ihren Niederschlag fand. – Das Berliner Bild entstand in Gainsboroughs Londoner Spätphase nach 1774.

112. BILDNIS DER FRAU DES KÜNSTLERS
Halbfigur.
Leinwand. 76 x 63,5 cm.
Erworben 1958.
Kat.Nr. 2200
Mrs. Thomas Gainsborough, geb. Margaret Burr (1728–1798), verehelicht seit 1746, ist hier im Alter von etwa dreißig Jahren dargestellt. Der Künstler hat seine Frau häufig porträtiert, es sind jedoch nur wenige Bildnisse erhalten. Sie galt als sehr hübsch, liebenswürdig und tugendhaft. Angeblich war sie eine natürliche Tochter des Herzogs von Bedford. Dieser Umstand diente ihr als Rechtfertigung für prachtvolle Toilette.

GAROFALO, BENVENUTC TISI DA GAROFALO
Schule von Ferrara. Um 1481 möglicherweise Ferrara – 1559 Ferrara. Schüler des Domenico Panetti, Mitarbeiter des Boccaccio Boccaccino. Beeinflußt durch die Werke Raffaels und des Dosso Dossi. Tätig in Ferrara, Cremona, Rom und Mantua.

113. DER BÜSSENDE HIERONYMUS
Pappelholz. 169 x 84 cm.
dat. 1524
Erworben 1821 aus der Sammlung Solly.
Kat.Nr. 243
Zum hl. Hieronymus vgl. Nr. 16. Die Datierung in römischen Ziffern – MDXXIIII SETE (letzteres die Abkürzung für ital. settembre = September) – befindet sich links unten auf dem gemauerten Sockel für das Kruzifix. Das Kruzifix und der Schädel sind Symbole des Einsiedlerlebens; zusammen mit dem Stundenglas sind sie wohl als Elemente der Spekulation über die Vergänglichkeit des menschlichen Lebens zu verstehen.

114. DIE GRABLEGUNG CHRISTI
Pappelholz. 30 x 30 cm.
Erworben 1821 aus der Sammlung Solly.
Kat.Nr. 262
Nach der Kreuzabnahme wird Jesus durch Joseph von Arimathia – links im Bild – und Nicodemus – rechts – bestattet (Evangelium des Johannes 19, 38–42). Anwesend sind außerdem die Mutter Maria, der Jünger Johannes, Magdalena, die beiden anderen Marien sowie ein Begleiter des Nicodemus. Die personenreichere Komposition setzte sich im Verlauf der Frührenaissance durch, wobei hier im Hauptmotiv Anregungen durch Raffael deutlich werden.

Nr. 112

Nr. 113

GEEL, JACOB VAN
Holländische Schule. 1585 Middelburg (?) – nach 1638. Tätig in Middelburg, Delft und Dordrecht, hier 1633 Mitglied der Malergilde. Malte Landschaften unter flämischem Einfluß.

115. WALDIGE LANDSCHAFT MIT ELIAS UND DER WITWE VON ZARPATH
Leinwand. 81 x 102 cm.
Erworben 1927.
Kat.Nr. 2004
Die Staffage zeigt die Begegnung des Propheten Elias mit der Witwe von Zarpath. Während einer Hungersnot gibt eine arme Frau dem Propheten ihre letzten Lebensmittel und wird für ihre Nächstenliebe durch ein Wunder belohnt: Solange die Dürre anhält, werden ihre Vorräte nicht zur Neige gehen (Altes Testament, 1. Buch der Könige 17, 10).

GHIRLANDAIO, DOMENICO DI TOMMASO BIGORDI, GENANNT GHIRLANDAIO

Florentinische Schule. Nach anfänglicher Ausbildung als Goldschmied Schüler des Alesso Baldovinetti, beeinflußt von Antonio del Pollaiuolo und Verrocchio. Tätig in Florenz, zeitweilig in San Gimignano, Pisa und Rom als Freskant und Maler von Tafelbildern. Seiner Werkstatt gehörten u.a. die Brüder an:

Davide Ghirlandaio 1452 – 1525 Florenz
Benedetto Ghirlandaio 1458 – 1497 Florenz

116. AUFERSTEHUNG CHRISTI

Tempera auf Pappelholz. 221 x 199 cm.
Nach dem Entwurf des Domenico ausgeführt von Davide und Benedetto Ghirlandaio.
Erworben 1821 aus der Sammlung Solly.
Kat.Nr. 75
Am dritten Tag nach seiner Hinrichtung am Kreuz ersteht Christus von den Toten auf. Auf dem Bild vorn die erschrockenen Grabwächter, links hinten nahen die drei Marien, die das Wunder entdecken und verkünden werden (Evangelien des Matthäus 28, 1–8; Markus 16, 1–8; Lukas 24, 1–8; Johannes 20, 1–13).

GIORDANO, LUCA, GENANNT FAPRESTO

Neapolitanische Schule. 1634 – 1705 Neapel. Ausgebildet in der Werkstatt des Vaters Antonio und vermutlich auch von Giuseppe Ribera, der ihn stark beeinflußte. Aufenthalte in Rom, Florenz und Venedig fördern die Ausprägung seines reifen Stils, vorrangig durch Anregungen von Pietro da Cortona. Seit 1692 war er als Hofmaler von Karl II. zehn Jahre in Spanien tätig, vor allem in Toledo und Madrid.

117. EUKLID

Leinwand. 115 x 99 cm.
Bezeichnet auf dem Papier in der Hand: L. Gord ...
Erworben 1821 aus der Sammlung Solly.
Kat.Nr. 452
Euklid (um 450 – um 380 v.u.Z.) begann um 300 v.u.Z. in Alexandria Mathematik öffentlich zu lehren. Seine Hauptwerke sind »Die Elemente«.

Das Bild – wie auch die nachfolgend aufgeführte Kat.Nr. 453 – gehört zu einer Serie von idealen Porträts antiker Wissenschaftler und Philosophen, von denen jeweils mehrere Ausführungen in zahlreichen Sammlungen verstreut sind. Die Berliner Bilder nutzen unter dem Einfluß Riberas vergleichsweise expressivere Ausdrucksmittel als später entstandene Stücke.

118. ARCHIMEDES

Leinwand. 121 x 99 cm.
Erworben 1821 aus der Sammlung Solly.
Kat.Nr. 453 (Gegenstück zu Kat.Nr. 452)
Archimedes (um 287 – 212 v.u.Z.) war der bedeutendste antike Mathematiker und Physiker; er wirkte in Syrakus.

119. DER PROPHET BILEAM AUF DER REISE
Leinwand. 207 x 294 cm.
Erworben 1853 aus der Sammlung König Ludwig Philipps I.
Kat.Nr. 404 B
Nach dem 4. Buch Mose 22, 21–33, wurde der Prophet Bileam von den Moabi-
tern geholt, um die Israeliten zu verfluchen. Auf dem Weg dorthin versperrte ihm
ein Engel den Weg. Die Eselin wich aus und wurde deshalb von Bileam, der den
Engel zunächst nicht sah, geschlagen. Nachfolgend wurde sich der Prophet der
Zwecklosigkeit seines Vorhabens bewußt.

GIOVANNI DA ASOLA ODER DA BRESCIA
Oberitalienische Schule. Zwischen 1512 und 1531 in Venedig und im Veneto tätig. Beeinflußt von der brescianischen wie von der venezianischen Malerei aus dem Umkreis des Giorgione.

120. DER HEILIGE SEBASTIAN
Leinwand. 153 x 99 cm.
Erworben 1821 aus der Sammlung Solly.
Kat.Nr. 195
(Zum Thema vgl. Nr. 44)
Auf dieser Darstellung wird dem Heiligen von einem Engel die ehrende Krone des Märtyrertums gereicht. Antikisierende Bauten im Hintergrund kennzeichnen Zeit und Ort der legendären Bildhandlung; die Bauwerke sind u.a. vom Theater des Marcellus und dem Konstantinsbogen angeregt, ohne topographisch richtig zusammengestellt zu sein.
Auf dem Sockelrest in der Mitte unten das Wappen der Stifterfamilie Lumago.

GIROLAMO DAI LIBRI
Veronesische Schule. 1474 – 1555 Verona. Schüler seines Vaters, des Miniaturisten Francesco I. dai Libri. Beeinflußt durch den Werkstattgenossen Francesco Morone und im Jugendwerk von Andrea Mantegna. Tätig in Verona als Miniaturist und Maler religiöser Themen.

121. THRONENDE MARIA MIT DEM KIND UND HEILIGEN
Leinwand. 209 x 143 cm.
Erworben 1821 aus der Sammlung Solly.
Kat.Nr. 30
Die Attribute des hl. Bartholomäus – links im Bild – sind ein Buch und ein Messer, mit dem er im Martyrium geschunden wurde (J. de Voragine, Legenda aurea, S. 674 ff.). Rechts der hl. Zeno, 362 zum Bischof von Verona geweiht. Ein am Bischofsstab befestigter Fisch weist darauf hin, daß er seinen Lebensunterhalt durch Fischen erworben haben soll, gleichzeitig ist er als Christussymbol zu deuten. Beide Heilige waren namhafte Glaubensstreiter: Bartholomäus missionierte der Legende nach in Armenien, Mesopotamien und Indien, Zeno bekämpfte den Arianismus, der die Vorstellung der Personaleinheit von Gott und Christus ablehnte.

HUGO VAN DER GOES-NACHFOLGER (MEISTER VON 1499)
Südniederländische Schule. Anonymer Meister aus Brügge, dem bislang nur sechs Werke zugeschrieben werden konnten. Tätig etwa zwischen 1470 – 1510, steht er in der Nachfolge des Hugo van der Goes (1440/45 – 1482), aus dessen Bildern er mehrfach Teile in miniaturhafter Weise frei kopiert hat. Nach neuerer Vermutung könnte der Anonymus mit dem Buch- und Tafelmaler aus Gent, Gerard Horenbout (gest. 1540/41) identisch sein, wobei die meist unauffällig angebrachte dünne Wachskerze auf einigen seiner Bilder als Signatur zu verstehen wäre.

Nr. 121

122. VERKÜNDIGUNG MARIAE
Diptychon.
Eichenholz. Jede Tafel 15,5 x 9,5 cm. Oben halbkreisförmig abgerundet.
Erworben 1830 durch Tausch aus der Sammlung Solly.
Kat.Nr. 548
Vom Erzengel Gabriel wird der Jungfrau Maria die unbefleckte Empfängnis und
Geburt Christi verkündet (Evangelium des Lukas 1, 26–38).

GOSSAERT, JAN, GENANNT JAN VAN MABUSE
Südniederländische Schule. 1470/80 Maubeuge (Mabuse) im Hennegau – 1532
Breda (n.a.A. 1533/36 in Middelburg). Gossaert war 1503 Meister der Malergilde
in Antwerpen. 1508/09 weilte er im Gefolge des Herzogs Philipp von Burgund,
seines Gönners, in Rom. Danach in Middelburg auf Walcheren im Auftrag Philipps mit der Ausstattung von dessen Schloß Suytborg tätig; 1517–24 für Philipps
bischöfliche Residenz in Wijk bei Duurstede. Andere fürstliche Auftraggeber waren Adolf von Burgund und Mencia Mendoza, dritte Gemahlin Heinrichs III.,
Grafen von Nassau und Herrn von Breda. Gossaert war ein Hauptvertreter des
niederländischen Romanismus, der die altniederländischen Traditionen mit Einflüssen der antiken und italienischen Kunst der Renaissance verband, aber auch
Einflüsse von der Kunst Dürers verwertete.

123. NEPTUN UND AMPHITRITE
Ganzfiguren.
Eichenholz. 188 x 124 cm.
Bezeichnet auf dem Sockel: JOANNES . MALBODIUS . PINGEBAT . 1516
Erworben 1821 aus der Sammlung Solly.
Kat.Nr. 648
Neptun ist der altitalische Gott des fließenden Wassers, der später mit dem grie-
chischen Gott des Meeres Poseidon gleichgesetzt wurde. Amphitrite galt in der
griechischen Mythologie als Königin des Meeres, auch als Personifikation des
Mittelmeeres. – Das Bild wurde zur Ausstattung von Schloß Suytborg im Auftrag
Philipps von Burgund geschaffen, wo es mit anderen Darstellungen mythologi-
scher Liebespaare ein Ensemble bildete. – Rechts oben die Devise Philipps A.
plus . sera . phe . bourg[ne].

124. DER SÜNDENFALL. ADAM UND EVA
Ganzfiguren.
Eichenholz. 170 x 114 cm.
Erworben 1830 durch Tausch aus der Sammlung Solly.
Kat.Nr. 661
Chronologisch erzählend werden um die Zentralszene des Sündenfalls Epi-
soden der Geschichte des ersten Menschenpaares und seiner Nachkommen
gruppiert. Vorn bietet Eva Adam den Apfel vom Baume der Erkenntnis (Genesis
3, 1 ff.), in dessen Wurzelgeflecht Eule und Affe als Symboltiere des Satans, bzw.
der Sünde hausen, letzterer mit einer angefressenen Birne. Die Birne wird oft in
Beziehung zur Menschwerdung Christi gesetzt und spielt auf seine Liebe zur

Menschheit an. Im angefressenen Zustand ebenfalls als Hinweis auf Sünde allgemein zu verstehen. Vor der Paradiespforte ist der Kampf zweier Böcke zu erkennen. Nach Matthäus 25, 31–46, trennt Christus beim Jüngsten Gericht die Gläubigen von den Ungläubigen, die Gerechten von den Sündern, die Schafherde von der Ziegenherde – Symbol der Verdammten.

Im mittleren Hintergrund die Erschaffung Evas im Paradiesgarten, der durch den Lebensbrunnen, Tierpaare und das Einhorn als oft mit Maria verbundenes Symbol der Keuschheit näher gekennzeichnet ist; etwa auf gleicher Höhe, zu seiten Adams, unterweist Gott die ersten Menschen, nicht Früchte vom Baume der Erkenntnis zu nehmen. Rechts die Vertreibung aus dem von einem Engel bewachten Paradies, darauf folgend Adam bei der Feldarbeit, Eva am Spinnrocken mit ihren Kindern Kain und Abel. Die Sündenfallthematik wird auf der Erde fortgeführt durch den Brudermord Kains an Abel (Genesis 4,5), Gott hatte das Opfer des Abel angenommen, während er das des ersteren verschmähte – die zwei Feuersäulen im Hintergrund deuten darauf.

GRAFF, ANTON

Deutsche Schule. 1736 Winterthur/Schweiz – 1813 Dresden. Schüler von J. H. Schellenberg in Winterthur. Tätig in Augsburg (1750–1766), Regensburg u.a. Orten, seit 1766 vornehmlich in Dresden. Seit 1789 dort Professor an der Kunstakademie.

125. BILDNIS DES BERLINER OBERKONSISTORIALRATS JOHANN JOACHIM SPALDING (1714–1804)
Leinwand. 59,5 x 48,5 cm.
Überweisung 1888 aus dem Berliner Kupferstichkabinett.
Kat.Nr. 1034 I
Studie (?) zum Spalding-Porträt (signiert und datiert: 1800, Privatbesitz Radebeul), von dem sich eine Replik in der Berliner Nationalgalerie (Inv. A. I 53) befindet. Graff hielt es für sein bestes Bildnis.

Bei dem Dargestellten handelt es sich um den Probst an der Berliner Nicolaikirche. Er verstand sich als Moralphilosoph und Schriftsteller. J.J. Spaldings Predigten galten als hervorragendes Ereignis.

126. BILDNIS DES MALERS CHRISTIAN ERNST WILHELM DIETRICH (1712–1774)
Leinwand. 85 x 69 cm.
Erworben 1856
Kat.Nr. 1034 a
Eine geringfügig veränderte Replik befindet sich in Marburger (Lahn) Privatbesitz (unsigniert und undatiert). Vgl. zum Dargestellten Künstler-Kurzbiographie bei Nr. 90.

GRANACCI, FRANCESCO

Florentinische Schule. 1469 – 1543 Florenz. Schüler – später zeitweilig Mitarbeiter – des Domenico Ghirlandaio, 1508 Mitarbeiter Michelangelos. Beeinflußt von Raffael und Fra Bartolommeo sowie von Pontormo. Tätig in Florenz und Rom.

127. THRONENDE MARIA MIT DEM KIND, JOHANNES DEM TÄUFER UND DEM ERZENGEL MICHAEL

Pappelholz. 151 x 144 cm.
Erworben 1821 aus der Sammlung Solly.
Kat.Nr. 97
Zu Johannes dem Täufer vgl. Nr. 7.
Der Erzengel Michael ist innerhalb der Engelhierarchie über eine »Menge Menschen« gesetzt; er wird hier mit dem Schwert als Hinweis auf die Überwindung des Drachens (d.h. des Bösen) gezeigt. In der Rechten hält er den »Reichsapfel«, eine Kugel als Symbol der Welt mit aufgesetztem Kreuz, die ihn als »Fürsten der Kirche« auszeichnet (J. de Voragine, Legenda aurea, S. 803, ff.).

GRIMOULT (GRIMOU), ALEXIS

Französische Schule. 1678 Argenteuil – 1733 Paris. Vermutlich Schüler von Francois de Troy d.Ä., Einfluß von Rigaud und Rembrandt. Tätig als Porträt- und Genremaler in Paris.

128. BILDNIS EINES JUNGEN MÄDCHENS

Halbfigur, sitzend.
Leinwand. 74 x 60,5 cm.
Bezeichnet rechts: Grimou
Erworben 1893 aus dem Vermächtnis Reichert
Kat.Nr. III/440

GUARDI, GIOVANNI ANTONIO

Venezianische Schule. 1699 – 1760 Venedig. Ausgebildet durch den Vater Domenico, beeinflußt durch Sebastiano Ricci und den Schwager Giovanni Battista Tiepolo. Er leitete eine Werkstatt, in der auch die Brüder Niccolò und – als bedeutendster Vertreter der Malerfamilie – der Vedutist Francesco tätig waren. 1755 war er Mitbegründer der Accademia della Pittura in Venedig.

129. DER TOD DES HEILIGEN JOSEPH

Leinwand. 169 x 75,5 cm.
Bezeichnet an dem Steinsockel: Gio. Antonio Guardi f.
Erworben 1913 als Geschenk des Herrn Dr. A. v. Frey, Berlin.
Kat.Nr. 1715
Die Darstellung erlangte erst im Barock ikonographische Bedeutung und ist im Zusammenhang mit der Funktion Josephs als »Patron eines guten Todes« zu sehen. Nach der apokryphen Historie stirbt Joseph vor der Kreuzigung Christi. Der blühende Stab – vorn im Bild – ist ein Attribut des Heiligen und weist ihn als auserwählten Beschützer der Reinheit Mariae aus (J. de Voragine, Legenda aurea, S. 737).

Nr. 129

Nr. 130

HEDA, GERRIT WILLEMSZ.
Holländische Schule. Gest. vor 1702 in Haarlem. Sohn und Schüler des bekannteren Willem Claesz. Heda. Tätig in Haarlem.

130. FRÜHSTÜCKSTISCH MIT SCHINKEN UND GEFÄSSEN
Eichenholz. 65 x 79 cm.
Reste einer Bezeichnung rechts unten.
Erworben 1916.
Kat.Nr. 1800
Gehört zum Typus des »monochromen Banketje« oder »Ontbijtje«, wie er in Haarlem Anfang des 17. Jahrhunderts aufkam. Zumeist liegt in den gewählten Gegenständen und ihrer Gruppierung eine Vanitas-Symbolik (vgl. Nr. 247).

HEEM, JAN DAVIDSZ. DE

Holländisch-flämische Schule. 1606 Utrecht – 1683/84 Antwerpen. Schüler seines Vaters David de Heem. Einfluß von David Bailly in Leiden und Daniel Seghers in Antwerpen. Tätig in Utrecht und Antwerpen.

131. FRUCHT- UND BLUMENGEHÄNGE ÜBER EINEM GEMALTEN STEINERNEN BAROCKRAHMEN
Leinwand. 122,5 x 86,5 cm.
Bezeichnet links unten: J De Heem f Ao 1651
Erworben 1878.
Kat.Nr. 906 B
Der weingefüllte Römer – Abendmahlskelch – mit dem darüber in einer Lichtgloriole schwebenden Auge der Vorsehung geben ebenso wie die Seraphe (Kinderfiguren) im Rahmen, die Blumen, Früchte und Kleintiere den christlichen (eucharistischen) Grundgedanken dieses Stillebens kund.

132. FRUCHT- UND BLUMENGEHÄNGE. SPIEGELRAHMEN
Eichenholz. 174,5 x 125,6 cm.
Bezeichnet am unteren Rand: JOHANNES DE HEEM - F 1650
Kat.Nr. 963
Ursprünglich Rahmung einer Mariendarstellung. Bei Übernahme in Museumsbesitz diente er einem ca. 1826 gemalten Madonnenbild des deutschen Malers Carl Begas d.Ä. als Rahmen. Das Begas-Bild ist heute in der Nationalgalerie, Berlin, Inv. Nr. A1 1085.

HEEMSKERCK, MAERTEN VAN

Nordniederländische Schule. 1498 Heemskerck bei Alkmaar – 1574 Haarlem. Schüler von Cornelis Willemsz. in Haarlem und Jan Lucasz. in Delft. 1527 – 1529 Zusammenarbeit mit Jan van Scorel in Haarlem, 1532 – 1536 Aufenthalt in Italien, vornehmlich in Rom. Skizzen nach antiken Bauten und Kunstgegenständen. Einfluß von Raffael und den italienischen Manieristen. 1572/73 in Amsterdam. Tätig vornehmlich in Haarlem, wo er 1540 Dekan der Malergilde war. Heemskerck, der neben christlichen auch mythologische Motive und Bildnisse malte, ist neben Jan van Scorel der bedeutendste Vertreter der nordniederländischen Renaissance.

133. MOMUS TADELT DIE WERKE DER GÖTTER
Eichenholz. 120 x 174 cm.
Bezeichnet rechts unten: Martynus. van. Heemskerck. In. Ventor
Datiert oben: 1561
Auf dem Cartellino (Schriftblatt) lateinischer Text bezogen auf Momus:
»Von der Nacht geboren, vaterlos, nenne ich mich Momus. Als Begleiter der Invidia (Neid) liebe ich es, alles bis ins kleinste zu kritisieren. Ich plädiere dafür, daß der Mensch mit einem Gitter in der Brust geschaffen werden muß, damit für alle diejenigen, die Augen und Ohren offenhalten, jene Höhle nichts Verborgenes verdecke.«
Aus den ehemals Königlichen Schlössern Berlin.
Kat.Nr. 655

Momus, Personifikation ständiger Tadelbereitschaft, verdammt – von den olympischen Göttern zum Richter erwählt – deren Werke: sowohl das Geschöpf des Meeresgottes Poseidon (der Sage nach ein Stier, vom Künstler in ein Pferd umgewandelt) wie auch den Palast von Pallas Athene (Göttin der Weisheit und Künste u. a.) im Hintergrund, der Elemente antiker Plastik und Architektur vereint. Seine besondere Kritik gilt jedoch Hephaistos, Gott der Handwerker und Künstler, der einen Menschen schuf, ohne zugleich durch ein Gitter Einblick in dessen seelisches und geistiges Innenleben zu gestatten (Dialog in Lukians »Hermotimus«). Grundlage dieses selten wiedergegebenen Themas ist die in humanistischen Kreisen der Renaissance verbreitete Diskussion über Rolle und Bewertung der Kritik im Hinblick auf Moral, Wissenschaft und Künste (u. a. bei Leon Battista Alberti und Erasmus von Rotterdam).

Das Bild entstand im Auftrag eines Haarlemer Humanisten.

HEEREMANS, THOMAS
Holländische Schule. Nachweisbar um 1660 – 1697 in Haarlem, dort 1664 in der Malergilde. Malte Landschaften.

134. WINTERLANDSCHAFT
Holz. 46,8 x 64,3 cm.
Bezeichnet auf der Planke rechts unten: Heans. 1687
Erworben 1916 aus der Sammlung Freund, Berlin.
Kat.Nr. 1776

HEINTZ D. J., JOSEPH
Venezianische Schule. Um 1600 Augsburg (?) – 1678 Venedig. Ausgebildet bei Matthäus Gundelach in Augsburg, beeinflußt vom italienischen Manierismus, von Palma giovane und von Tintoretto. Seit ca. 1625 in Venedig tätig, wo er neben religiösen und phantastischen Themen festliche Ereignisse in der Stadtlandschaft behandelte. Von Kaiser Rudolph II. und von Papst Urban VII. wurde er geschätzt; letzterer verlieh ihm die Ritterwürde.

135. DAS FEST DES BUCENTORO
Leinwand. 128 x 182 cm.
Alter Besitz.
Kat.Nr. 1584
Bucentoro, möglicherweise »goldene Barke«, wurde die Galeere genannt, in welcher der Doge von Venedig seit 1311 jährlich am Himmelfahrtstag auf die Adria fuhr, um sich durch Versenkung eines Ringes symbolisch mit dem Meer zu vermählen und so die Herrschaft der Republik zu demonstrieren. – Im Hintergrund die Kirche S. Giorgio Maggiore. – Die Darstellung von Festen vor der Stadtkulisse hat in Venedig seit dem 15. Jahrhundert eine große Tradition.

Nr. 136

HELST, BARTHOLOMÄUS VAN DER
  Holländische Schule. 1613 Haarlem – 1670 Amsterdam. Einfluß von Nicolaes
  Elias. 1653 gehörte er zu den Begründern der Amsterdamer Lukasgilde. Tätig in
  Amsterdam. Bildnismaler.
136. BILDNIS EINER JUNGEN FRAU
  Brustbild.
  Eichenholz. 75,5 x 62 cm.
  Bezeichnet links oben: B. van der .helst 1643
  Erworben 1874 aus der Sammlung Suermondt, Aachen.
  Kat.Nr. 825 A

HOLLÄNDISCH, UM 1642
(Jan Wijnants? 1630 Haarlem – 1684 Amsterdam)
137. DER HOHLWEG
Leinwand. 51,7 x 63,7 cm.
Bezeichnet rechts unten: J. Wynants 1642.
Erworben 1859 aus dem Kunsthandel.
Kat.Nr. 836 A

HONDECOETER, GYSBERT GILLISZ. DE
Holländische Schule. 1604 – 1653 Utrecht. Schüler seines Vaters Gillis de Honde-
coeter, Vater des Vogelmalers Melchior de Hondecoeter. Tätig in Utrecht. 1626 bis
1632 in der Malergilde.
138. FELSIGE GEBIRGSLANDSCHAFT
Eichenholz. 52 x 170,5 cm.
Bezeichnet links unten: G.D. Hond...
Aus den ehemals Königlichen Schlössern Berlin
Kat.Nr. 985
Zusammen mit drei anderen, »Fischerei«, »Ackerbau«, »Viehzucht« darstellenden
Bildern von Dirk van der Lisse, bzw. A. Willaerts, gehört dieses, die »Jagd« dar-
stellende Bild zur Ausstattung eines Raumes im holländischen Schloß Honse-
laersdijk und ist 1635 entstanden.

HONDECOETER, MELCHIOR DE
Holländische Schule. 1636 Utrecht – 1695 Amsterdam. Schüler seines Vaters Gys-
bert de Hondecoeter und seines Onkels Jan Baptist Weenix. Tätig im Haag und in
Amsterdam. Vorwiegend Tiermaler.
139. AUSLÄNDISCHE WASSERVÖGEL
Leinwand. 132 x 161,5 cm.
Bezeichnet rechts unten: M D Hondecoeter
Erworben 1774 aus der Sammlung Suermondt, Aachen.
Kat.Nr. 876 A

HONTHORST, GERARD VAN
Holländische Schule. 1590 – 1656 Utrecht. Schüler des Abraham Bloemaert. Von
1610 – 1620 in Rom, Einfluß der Werke von Caravaggio. Tätig vorwiegend in
Utrecht, im Haag (1635 – 1652) und in London (1628). Arbeitete auch für Chri-
stian IV. von Dänemark (1635 bis 1640) und im Dienst des Statthalters. In den
Malergilden von Utrecht und Den Haag. Maler von Historien, Allegorien und
Genrebildern.
140. BEFREIUNG PETRI
Leinwand. 131 x 181 cm.
Erworben 1815 aus der Sammlung Giustiniani.
Kat.Nr. 431
Petrus, einer der zwölf Apostel und erster Bischof von Rom, wurde von König He-
rodes im Kerker gefangengehalten. In der Nacht erschien ihm ein Engel und be-
freite ihn auf wunderbare Weise (Apostelgeschichte des Lukas 12, 4 ff.).

Nr. 140

Nr. 141

84

141. DAS PUFFSPIEL
Eichenholz. 46,5 x 68 cm.
Bezeichnet rechts unten: Honthorst f 1624.
Aus den ehemals Königlichen Schlössern Berlin.
Kat.Nr. 444

HONTHORST, WILLEM VAN
Holländische Schule. 1594/1604 – 1666 Utrecht. Schüler des Abraham Bloemaert und seines Bruders Gerard van Honthorst. Reise nach England. Tätig im Haag, Utrecht, Berlin und Cleve. 1647 Hofmaler des Kurfürsten von Brandenburg in Berlin.

142. BILDNIS WILHELMS II. VON NASSAU, PRINZEN VON ORANIEN
Brustbild.
Eichenholz. 74 x 58,2 cm.
Bezeichnet links unten: G. Honthorst 1647
Aus den ehemals Königlichen Schlössern Berlin.
Kat.Nr. 1008
Wilhelm II. von Nassau 1626 – 1650. Sohn Frederik Hendriks von Oranien, seit 1647 Statthalter der Niederlande.

143. BILDNIS DER PRINZESSIN MARIA STUART,
GEMAHLIN WILHELMS II. VON NASSAU-ORANIEN
Brustbild.
Eichenholz. 74 x 58,2 cm.
Aus den ehemals Königlichen Schlössern Berlin.
Kat.Nr. 1009
Maria Stuart 1631 – 1660. Tochter König Karls I. von England, seit 1644 mit Wilhelm von Oranien vermählt.

HOOCH, PIETER DE
Holländische Schule. 1629 Rotterdam – nach 1684 vermutlich Amsterdam. Schüler des Nicolaes Berchem in Haarlem. Tätig in Delft, dort 1655 in der Malergilde, und in Amsterdam. Malte Interieurs und Genrebilder.

144. DER VERGNÜGTE ZECHER
Eichenholz. 50,6 x 43 cm.
Bezeichnet links unten: P. de Hoogh
Erworben 1936.
Kat.Nr. B 33

HORST, GERRIT WILLEMSZ.
Holländische Schule. 1612 Muiden (?) – 1652 Amsterdam. Schüler des Stilleben-
malers A. H. de Lust, Einfluß von Willem Kalf und von Rembrandt. Tätig in Amsterdam. Malte Historien und Stilleben.

145. STILLEBEN MIT GOLDPOKAL UND FRÜCHTEN
Leinwand. 104,7 x 81,2 cm.
Bezeichnet links oben: G.W. horst. f. 1651
Erworben 1904 aus Privatbesitz.
Kat.Nr. 824 B

HUYS, PIETER
Südniederländische Schule. 1519 (?) Antwerpen – 1584 ebd. Maler und Kupferste-
cher. Vermutlich Bruder des Stechers Frans Huys. 1545 Meister der Antwerpener
Malergilde. Als Stecher tätig für den Verlag Christoph Plantijn. Als Maler neben
Jan Mandyn einer der intensivsten Nachahmer von Hieronymus Bosch, aber
auch von Jan Sanders van Hemessen.

146. DER DUDELSACKPFEIFER
Halbfiguren.
Eichenholz. 86 x 84 cm.
Bezeichnet unten am Tisch: PHVIS FE 1571
Oben ein vierzeiliger niederländischer Text: Ay laet staen . t is verloren / mijn Bor-
se ghegrepen / Ghy hebtse gheleecht / en mijn pijp al vuyt ghepepe
Erworben 1821 aus der Sammlung Solly.
Kat.Nr. 693
Die Thematik des singenden Dudelsackpfeifers, der durch eine alte Frau seines
Geldbeutels beraubt wird, während sie ihm zugleich einen leeren Krug reicht, er-
hält im Zusammenklang mit der Inschrift eine deutlich moralisierende, auf die
erotische Beziehung des alternden Paares verweisende Ausdeutung: Laß mich. Es
ist verlorene Mühe, meine Börse zu packen. Du hast sie schon geleert, und meine
Pfeife kann nicht mehr spielen.

HUYSUM, JAN VAN
Holländische Schule. 1682 – 1749 Amsterdam. Schüler seines Vaters Justus van
Huysum. Tätig in Amsterdam. Malte Stilleben und Landschaften.

147. ITALIENISCHE LANDSCHAFT
Leinwand. 50,2 x 42,2 cm.
Bezeichnet rechts unten: Jan van Huijsum fec.
Erworben 1849
Kat.Nr. 1014 A

ISENBRANT (?), ADRIAEN
Südniederländische Schule. Geburtsort und -datum unbekannt; gestorben 1551
in Brügge. 1510 Meister der Malergilde von Brügge. Schüler des Gerard David und
tätig in Brügge. Maler von Porträts und religiösen Szenen. Signierte Werke nicht
erhalten. Isenbrants Œuvre gruppiert sich um das Diptychon der Sieben Schmerzen Mariae in der Kirche Notre Dame in Brügge.

Nr. 148

148. RUHE AUF DER FLUCHT NACH ÄGYPTEN
Eichenholz. 16 x 13 cm.
Erworben 1821 aus der Sammlung Solly.
Kat.Nr. 621
Seit dem Ende des 15. Jahrhunderts wird aus dem Evangelienbericht des Mat-
thäus (2, 13–18) die Episode aus der Kindheit Christi als genrehaftes Andachts-
bild isoliert gestaltet.

Nr. 149

JORDAENS, JACOB

Flämische Schule. 1593 – 1678 Antwerpen. Schüler des Adam van Noort. 1615 Meister der Antwerpener Malergilde. Einfluß von Rubens. Tätig in Antwerpen u.a. für die Höfe von England, Schweden und Dänemark.

149. DER AUFERSTANDENE CHRISTUS ERSCHEINT DEN DREI MARIEN ALS GÄRTNER
Eichenholz. 109 x 93 cm.
Erworben 1928.
Kat.Nr. 2037
Die Frauen, die nach dem Grab sehen wollen, erfahren als erste von dem Wunder der Auferstehung Christi: Sie begegnen dem Auferstandenen, der ihnen eine Botschaft an die Jünger aufträgt (Evangelium des Matthäus 28, 1–10). Auf unserem Bild Verschmelzung mit dem Motiv des »Noli me tangere« (Berühre mich nicht). Das ist die Weisung Christi an Maria Magdalena am Ostermorgen, die den Auferstandenen zunächst für den Gärtner hält (Evangelium des Johannes 20, 14–18).

KEY, WILLEM

Südniederländische Schule. Um 1520 Breda – 1568 Antwerpen. Malte Bildnisse und religiöse Szenen. Mit Frans Floris Schüler von Lambert Lombard in Lüttich. 1542 Meister der Malergilde von Antwerpen, 1552 ihr Dekan.

150. BILDNIS EINES JUNGEN MANNES
Halbfigur.
Eichenholz. 66 x 41 cm.
Erworben 1936 durch staatliche Überweisung.
Kat.Nr. B 103

KÖLNISCH

Kölnische Schule. Um 1430.

151. RETABEL
Eichenholz. 110 x 170 cm.
Erworben 1910 als Geschenk von Ch. Sedelmayer, Paris.
Kat.Nr. 1627 B
Links neben dem gekreuzigten Christus Maria, die Heiligen Katharina und Marcellinus. Rechts Johannes der Evangelist, Petrus Exorcista und Barbara. Engel fangen das Blut des gemarterten Christus in Kelchen auf.
Das Retabel stammt aus der St. Petri Kirche von Benz auf Usedom.

KONINCK, SALOMON

Holländische Schule. 1609 – 1656 Amsterdam. Schüler des David Colijns, François Venant und Claes Moeyaert in Amsterdam. Nach 1633 Einfluß von Rembrandt. Tätig in Amsterdam.

152. BERUFUNG DES MATTHÄUS ZUM APOSTELAMT

Eichenholz. 61 x 90 cm.

Aus den ehemals Königlichen Schlössern Berlin.

Kat.Nr. 822

Matthäus, Jünger Jesu und Verfasser eines Evangeliums, war nach der Legende Zöllner am See Genezareth, als Christus ihn aufforderte, ihm zu folgen. Auf dem Bilde rechts Matthäus mit den anderen Zöllnern am Tisch bei der Arbeit, links der eintretende Christus, dem er sich zuwendet (Evangelium des Matthäus 9,9).

153. KROESUS ZEIGT SOLON SEINE SCHÄTZE

Eichenholz. 121 x 199 cm.

Erworben 1821 aus der Sammlung Solly.

Kat.Nr. 826

Kroesus, König der Lyder, hofft, daß ihn der athenische Gesetzgeber Solon, nachdem er ihm seine Schätze gezeigt hat, als den glücklichsten Menschen bezeichnen würde. Solon erklärt jedoch, daß niemand glücklich zu nennen wäre, bevor er nach einem zufriedenen Leben nicht auch ein gutes Ende gefunden hätte (Das Geschichtswerk des Herodotos von Halikarnassos, 1. Buch, S. 19–22).

154. DER GELEHRTE

Leinwand. 155 x 205 cm.

Aus den ehemals Königlichen Schlössern Berlin.

Kat.Nr. 819 (früher Nicolaes Maes zugeschrieben)

KULMBACH, HANS SUESS VON

Süddeutsche Schule. Um 1480 Kulmbach – 1522 Nürnberg. Um 1505/07 in Nürnberg tätig. Von Dürer direkt beeinflußt. Arbeitete für Kaiser Maximilian. Zwischen 1514 und 1516 in Krakau tätig.

155. MARIA MIT DEM KIND
Nadelholz. 34 x 30 cm.
Bezeichnet links in der Mitte: 1519
Erworben 1936
Kat.Nr. B 139

LANFRANCO, GIOVANNI

Römische Schule. 1582 Parma – 1647 Rom. Schüler und Mitarbeiter der Carracci. Tätig vornehmlich in Rom und Neapel, zeitweilig in Parma, Bologna und Piacenza. Er war der erste große Meister der barocken illusionistischen Deckenmalerei in Rom.

156. DER HEILIGE ANDREAS VOR DEM KREUZ KNIEND
Leinwand. 192 x 139 cm.
Erworben 1815 aus der Sammlung Giustiniani.
Kat.Nr. 436
Andreas, einer der zwölf Apostel, missionierte der Überlieferung nach in Südrußland und auf dem Balkan. Er soll in Patras gekreuzigt worden sein (J. de Voragine, Legenda aurea, S. 23). Sein Attribut ist in der Regel das sogenannte »Andreas-Kreuz« mit schrägen Balken; dessen Anbetung durch den Heiligen war ein Bildthema des Barock.

LANSINCK, J.W.

Holländische Schule. Lebensverhältnisse unbekannt. Vermutlich Einfluß von Jan Miense Molenaer, tätig wahrscheinlich um die Mitte des 17. Jahrhunderts in Rotterdam. Bekannt nur durch die Bezeichnung auf dem Berliner Bild und dessen Wiederholungen.

157. DAS GESCHLACHTETE SCHWEIN
Eichenholz. 47 x 62 cm.
Bezeichnet am Kaminmantel: J.W. Lansinck
Aus den ehemals Königlichen Schlössern Berlin.
Kat.Nr. 970

LARGILLIÈRE, NICOLAS DE

Französische Schule. 1656 Paris – 1746 ebd. Schüler des A. Goubaud in Antwerpen, 1672 Meister der dortigen Malergilde. 1674–1678 in London als Gehilfe von Peter Lely am Hof Karls II. Danach in Paris tätig, 1686 Aufnahmestück für die Königliche Kunstakademie, an der er 1705 Professor, 1722 Rektor, 1728–1732 Direktor und 1743 Kanzler wurde. Largillière, gen. der »französische van Dyck«, war ein exzellenter Porträtist der Pariser Gesellschaft.

158. BILDNIS DES LANDSCHAFTSMALERS JEAN FOREST (1636–1712), SCHWIEGERVATER DES MEISTERS
Leinwand. 117 x 88 cm.
Erworben 1875 in Paris.
Kat.Nr. 484 A

Nr. 155

Florentinische Schule. 1452 Villa Anchiana bei Vinci – 1519 Schloß Cloux bei Amboise. Schüler und Mitarbeiter des Andrea del Verrocchio. Tätig vorwiegend in Florenz und Mailand, 1513–1515 in Rom; Reisen erfolgten in wichtige Kunstzentren Ober- und Mittelitaliens. 1516 ging Leonardo als Hofmaler Franz' I. nach Frankreich. Er war der vielseitigste und wichtigste Naturwissenschaftler und Künstler der italienischen Renaissance.

159.   DER AUFERSTANDENE CHRISTUS, VON DEM HEILIGEN
LEONARDO UND DER HEILIGEN LUCIA VEREHRT
Pappelholz (ursprünglich oben sicher im Bogen abgeschlossen). 230 x 183 cm.
Ausgeführt unter Mitarbeit von Giovanni Antonio Boltraffio und Marco d'Oggiono (Biographien s. dort).
Erworben 1821 aus der Sammlung Solly.
Kat.Nr. 90 B
Zur Auferstehung vgl. Nr. 116. Leonardus (um 500–570) wurde vom hl. Remigius von Reims getauft und betätigte sich nachfolgend als Prediger. Er gründete das Kloster Nobiliacum bei Limoges und wurde dessen Abt (J. de Voragine, Legenda aurea, S. 922 ff.). Die Darstellung kennzeichnet den Kleriker mittels der Handzwinge zu seinen Füßen als Patron der Gefangenen.

Lucia von Syrakus (gest. 310) wurde während der Christenverfolgungen unter Diokletian getötet. Nach einer Variante der Legende soll sie sich ihre Augen ausgerissen haben, um sie dem ungläubigen Bräutigam zu senden; von der Mutter Gottes erhielt sie dafür schönere. Lucia wird hier als Nothelferin bei Augenleiden dargestellt.

Holländische Schule. Um 1610 Haarlem – 1660. Schülerin von Frans Hals d.Ä. Heiratete 1639 den Genremaler Jan Miense Molenaer. Tätig in Haarlem, Amsterdam und Heemstede.

160.   LUSTIGER ZECHER
Leinwand. 74 x 59 cm.
Erworben 1874 aus der Sammlung Suermondt, Aachen.
Kat.Nr. 801 B

Veronesische Schule. Um 1445 – zwischen 1529 und 1536. Beeinflußt von der sienesischen, venezianischen und paduanischen Kunst, wobei starke traditionelle Elemente erhalten bleiben und den Stil prägen. Tätig als Miniator, Freskant und Maler von Altarbildern in Siena, Venedig und Verona, wo er seit Ende des 15. Jahrhunderts der führende Meister war.

161. THRONENDE MARIA MIT DEM KIND, DEN HEILIGEN LAURENTIUS
UND CHRISTOPHORUS SOWIE ZWEI ZISTERZIENSER-MÖNCHEN
Bezeichnet am Sockel des Thrones: . LIBERALIS . VERONĒSIS ME . FECIT .
1489 .
Pappelholz. 114 x 80 cm.
Erworben 1821 aus der Sammlung Solly.
Kat.Nr. 1183
Zum hl. Laurentius vgl. Nr. 285. Der hl. Christophorus (griech., Christusträger),
von riesenhafter Größe, trug der Legende nach Christus in Kindergestalt durch
einen Fluß, wurde bekehrt und betätigte sich als Missionar. In Samos starb er den
Martertod (J. de Voragine, Legenda aurea, S. 538 ff.). Er wird attributiv durch das
Kind sowie durch den Stab gekennzeichnet, der als Beweis der Macht Gottes zu
grünen begann; Palmblätter deuten auf den sieghaften Märtyrer hin. Der Zister-
zienser-Orden geht zurück auf Bernhard von Clairvaux (1090–1153). Die Darstellung der Mönche entspricht dem Typus Bernhards und Benedikts (vgl. Nrn. 271,
282).

LIBERI, PIETRO
Venezianische Schule. 1614 Padua – 1687 Venedig. Angeblich Schüler des Alessan-
dro Varotari, beeinflußt von Tizian und Tintoretto. Tätig u.a. in Florenz, Rom,
Wien und vornehmlich in Venedig.
162. DIANA UND AKTÄON
Leinwand. 217 x 180 cm.
Aus den ehemals Königlichen Schlössern Berlin.
Kat.Nr. 455
Die Göttin Diana (Artemis) wird in Begleitung ihrer Nymphen beim Bade von
dem Jäger Aktäon überrascht. Aus Zorn verwandelt sie ihn in einen Hirsch, den
die Hunde, die ihren Herrn nicht erkennen, zerreißen (Ovid, Metamorphosen
III, 138–253).

LINGELBACH, JOHANNES
Holländische Schule. 1622 Frankfurt/M. – 1674 Amsterdam. Weilte 1642/44 in Pa-
ris; bis 1650 in Italien und seit 1653 in Amsterdam. Maler und Radierer von figu-
renreichen Markt-, Jagd- und Hafenszenen mit italienischem Charakter. Einfluß
von Pieter van Laer und dessen Bambocciaden.
163. KÖNIGIN CHRISTINE VON SCHWEDEN AUF DEM WEG NACH
SAO PAOLO FUORI LE MURA
Leinwand. 96 x 131 cm.
Aus den ehemals Königlichen Schlössern Berlin.
Kat.Nr. 443 (früher Cerquozzi)
Christine von Schweden (1626–1689), Tochter von Gustav II. Adolf, verließ 1654
Schweden, ging nach Rom und trat 1655 offiziell zum Katholizismus über. Ihre
zahlreichen Prozessionen in Italien gestalteten sich jeweils zu großen Volksauf-
läufen. Die Szene vormals als »Auszug eines Papstes aus Rom« gedeutet.

Florentinische Schule. 1457 (?) Prato – 1504 Florenz. Schüler seines Vaters Fra Filippo, Mitarbeiter des Sandro Botticelli, der ihn stark beeinflußte. Tätig in Florenz, zeitweilig in Prato, Pavia und Rom.

164. BILDNIS EINES JÜNGLINGS
Fresko. 49,5 x 34,5 cm.
Erworben 1904 als Geschenk von Wilhelm von Bode.
Kat.Nr. 96 A
Die Freskotechnik (ital. fresco = frisch) ist eine in der Renaissance zu hoher Blüte gelangte alte Maltechnik, bei der mit Wasser vermalte Farbpigmente auf feuchten Kalkputz aufgetragen werden und sich während des Trocknungsprozesses mit der Wand verbinden. Freskenzyklen schmückten vorwiegend die Wände repräsentativer Bauwerke.

Dieses Jünglingsbild ist ein Fragment, das aus solch einer Darstellung herausgelöst wurde, man kann in ihm eine der vielen porträthaft wiedergegebenen »Assistenz«-Figuren sehen, die in Florenz zur Zeit der Renaissance in die Darstellung religiöser Geschehnisse einbezogen wurden.

LISSE, DIRK VAN DER

Holländische Schule. Geb. in Breda – 1669 im Haag. Schüler des Cornelis van Poelenburgh in Utrecht. Seit 1639 im Haag, dort 1644 in der Malergilde und Bürgermeister. Maler von italianisierenden Landschaften mit mythologischer Staffage.

165. DIANA IM BADE
Eichenholz. 49 x 83 cm.
Bezeichnet in der Mitte unten: DV. (verbunden) L.
Aus den ehemals Königlichen Schlössern Berlin.
Kat.Nr. II 463
Im Hintergrund links die Gestalt des Aktäon (vgl. Nr. 162).

166. LANDSCHAFT MIT TANZENDEN HIRTEN
Eichenholz. 51 x 170 cm.
Bezeichnet links unten: DV. (verbunden) L.
Aus den ehemals Königlichen Schlössern Berlin.
Kat.Nr. II 467 (vgl. Bemerkung bei Nr. 138)

LOMBARDISCH, UM 1500

167. DER SEGNENDE CHRISTUS
Halbfigur.
Pappelholz. 44 x 39 cm.
Erworben 1821 aus der Sammlung Solly.
Kat.Nr. 1422
Die idealisierte, häufig streng symmetrische Darstellung des Antlitzes Christi entwickelt sich um 1500 in mehreren Varianten im Umkreis Leonardos. Menschliche Schönheit wird hier als Spiegel göttlicher Vollkommenheit begriffen.

Bilder wie dieses dienten der Andacht einzelner Gläubiger.

Nr. 167

LOMBARDISCH, UM 1700

168. BILDNIS EINES JUNGEN GELEHRTEN
Kniestück.
Leinwand. 125 x 93 cm.
Erworben 1873 im florentinischen Kunsthandel.
Kat.Nr. 485 A
Der Dargestellte trägt Amtstracht. Eine anatomische Zeichnung auf dem Tisch
kann als Berufsattribut betrachtet werden, er war wahrscheinlich Mediziner.

LOO, JAKOB VAN
Holländische Schule. 1614 Sluis in Zeeland – 1670 Paris. Schüler seines Vaters Johannes van Loo. Tätig in Amsterdam 1642–1661, dort Einfluß u.a. von Rembrandt. Seit 1661 in Paris, seit 1663 Mitglied der Königlichen Akademie. Maler
von Historien, Genreszenen und Porträts.

169. DIANA MIT IHREN NYMPHEN
Leinwand. 134 x 167 cm.
Bezeichnet rechts unten: J. v. Loo fn. 164.8 (liegend).
Erworben 1872.
Kat.Nr. 765
Die Diana hier als »verkleidetes« Bildnis zu verstehen (vgl. Nr. 64).

LORENZETTI, AMBROGIO, SCHULE
Sienesische Arbeit aus der 2. Hälfte des 14. Jahrhunderts.

170. GEBURT CHRISTI
Pappelholz, oben im Spitzbogen abschließend. 49 x 25,5 cm.
Erworben 1896 aus dem italienischen Kunsthandel.
Kat.Nr. 1094 A
Neben der Hauptszene, der Geburt Christi, wird in kleineren Darstellungen
synchron die Verkündigung an die Hirten und die Anbetung des Kindes gezeigt.
Der Stall als Ort der Geburt wird durch ein hölzernes Dach angedeutet; dies wird
kombiniert mit der in der Ostkirche seit dem 6. Jahrhundert üblichen »Geburts-
höhle«. Ochse und Esel an der Krippe nehmen Bezug auf einen Spruch des Propheten Jesaja (1,3): »Ein Ochse kennt seinen Herrn und ein Esel die Krippe seines
Herrn; aber Israel kennt's nicht, und mein Volk vernimmt's nicht.« Der Dreipaß
im Giebel zeigt die Verkündigung der Geburt Christi durch den Erzengel Gabriel
an Maria (Lukas 1, 26–38); Architekturteile deuten ihr Haus an, das Buch auf ihrem Schoß ist ein Sinnbild der Weisheit.

LORRAIN, CLAUDE (GELLÉE)
Französische Schule. Um 1600 Chamagne bei Mirecourt (Lothringen) – 1682
Rom. In Rom Schüler des Dekorations- und Landschaftmalers Agostino Tassi,
1625 in Nancy (Werkstatt des Claude Dernet), mit Unterbrechungen in Rom le-
bend, Freundschaft mit Joachim von Sandrart, vorübergehend auch in Neapel
nachweisbar.

171. HEROISCHE LANDSCHAFT
Öl auf Leinwand. 139,5 x 178 cm.
Bezeichnet rechts unten: Claude i... 165..
Erworben 1815 aus der Sammlung Giustiniani.
Kat.Nr. 428
Die Darstellung zeigt vermutlich Diana, die den keuschen Jäger Hippolytos, der
sich der Göttin geweiht hatte, mit der Nymphe Aricia zusammenführt. Der Jäger
fiel einer Verleumdung seiner Stiefmutter Phädra zum Opfer. Von seinem Vater
Theseus daraufhin verflucht, stürzte der Jüngling vom Wagen und wurde zu Tode
geschleift. Diana erweckte ihren unschuldigen Schützling zu neuem Leben und
holte ihn in ihr Reich (Vergil, Äneide 7, 761–779).

LOTH, JOHANN KARL, GENANNT CARLOTTO
Deutsche Schule. 1632 München – 1698 Venedig. Lehrzeit in München beim Vater Johann Ulrich Loth; nach 1653 Studienreise nach Rom; um 1657 Übersiedlung nach Venedig.

172. DER MUSIKALISCHE WETTSTREIT ZWISCHEN APOLLON UND
MARSYAS
Leinwand. 97 x 117 cm.
Erworben 1925 als Geschenk.
Kat.Nr. 1962

Das Thema geht in seiner literarischen Vorlage auf den römischen Poeten Ovid zurück, es behandelt gleichnishaft die Bestrafung einer Selbstüberhebung. Der phrygische Naturdämon Marsyas – hier in Anlehnung an den griechischen Waldgott Pan dargestellt – hob der Sage zufolge die von Athena weggeworfene Flöte auf, um beim Blasen derselben ungeahnte Fähigkeiten zu entwickeln. Anmaßend fordert er Apollon Musaget, den Musenführer, zum Wettkampf. In unserem Beispiel spielt Marsyas allerdings die sog. Syrinx oder Pansflöte »... durch bindendes Wachs abstufende Rohre, wohl aneinander gereiht...«. Da er unmöglich gegen einen olympischen Gott siegen konnte, wurde ihm zur Strafe die Haut abgezogen, um sie auf der Agora (Marktplatz) der phrygischen Stadt Kelainai als Abschreckung aufzustellen (Ovid, Metamorphosen VI 381 – 399).

LUINI, BERNARDINO
Lombardische Schule. Wahrscheinlich um 1480 – 1532. Beeinflußt von Vicenzo Foppa, Ambrogio Borgognone, Bramatino und vor allem von Leonardo da Vinci. Tätig in Oberitalien als Freskant, Schöpfer von Altartafeln und Staffeleibildern.

173. DIE ENTFÜHRUNG EUROPAS
Fresko auf Leinwand übertragen. 115 x 121 cm.
Erworben 1841 durch Überweisung aus dem Kupferstichkabinett.
Kat.Nr. 219 G
Die Entführungsszene wird in strenger Übereinstimmung mit der literarischen Vorlage ins Bild gesetzt.
    Eines von neun in Berlin befindlichen Teilen eines Freskenzyklus, mit dem Luini zwischen 1520–1922 die Casa Rabia in Mailand schmückte. Die Szenen stellen die Geschichte der phönikischen Königstochter Europa dar, die von dem in Stiergestalt auftretenden Göttervater Zeus nach Kreta entführt wurde, wo sie ihm drei Kinder gebar (Ovid, Metamorphosen VIII, 176–182).
(Zur Freskotechnik vgl. Nr. 164)

174. EINE GEFÄHRTIN EUROPAS
Fresko auf Leinwand übertragen. 145 x 89 cm.
Erworben 1841 durch Überweisung aus dem Kupferstichkabinett.
Kat.Nr. 219 I
(Vgl. oben)

MAES, DIRCK (?)
Holländische Schule. 1659 – 1717 Haarlem. Schüler des Hendrik Mommers und des Nicolaes Berchem. Reisen 1684 nach Paris und 1690 nach England im Gefolge Prinz Willems III. von Oranien. Tätig in Haarlem und im Haag.

175. BILDNISGRUPPE JUNGER JÄGER
Leinwand. 157,3 x 213 cm.
Erworben 1916 als Geschenk aus der Sammlung Freund.
Kat.Nr. 1785

Nr. 174

MAESTRO DEL BAMBINO VISPO
Florentinische Schule. Tätig im ersten Viertel des 15. Jahrhunderts. Sein Notname
rührt von dem lebhaften Wesen des Christuskindes auf seinen Madonnenbildern her. Er war Schulnachfolger des Lorenzo Monaco, beeinflußt von Agnolo
Gaddi und den sienesischen Meistern.

176. MARIA MAGDALENA MIT DEM HEILIGEN LAURENTIUS UND
EINEM STIFTER
Flügel eines Altars.
Pappelholz. 98 x 70 cm.
Erworben 1821 aus der Sammlung Solly.
Kat.Nr. 1123 (1)
(Im 19. Jahrhundert irrtümlich mit Kat.Nr. 1123 [2] – Paolo di Stefano – montiert.)
Zum heiligen Laurentius vgl. Nr. 285.
Maria Magdalena wird meist identifiziert mit Maria von Magdala, der Maria von
Bethanien und der Sünderin Maria. Sie war eine der Zeuginnen der Auferstehung
Christi. Das Salbgefäß bezieht sich auf das Salben des Leichnams Christi bei der
Grablegung (Evangelien des Markus 16, 9; des Lukas 7, 37 ff.).

MAESTRO DEL CROCEFISSO DE' BIANCHI
Schule von Lucca. Tätig am Ende des 15. Jahrhunderts. Sein Notname nimmt auf
eine Arbeit Bezug, die er für die Confraternità dei Penitenti Bianchi ausführte –
eine Büßergemeinschaft, die in Lucca eine bedeutende Rolle in der Fürsorge und
Krankenpflege spielte und eine eigene Kirche besaß. – Beeinflußt von Filippo
Lippi.

177. THRONENDE MARIA MIT DEM KIND UND HEILIGEN
Pappelholz. 149 x 135 cm.
Alter Besitz.
Kat.Nr. B 215 (früher Florentinisch, um 1500)
Links im Bild der heilige Stephanus. Er gehörte zu den ersten sieben Diakonen
der Gemeinde in Jerusalem, wurde wegen Gotteslästerung verurteilt und gestei-
nigt (Apostelgeschichte 6, 7; Legenda aurea S. 575 ff.) – neben der Palme des Erz-
märtyrers und dem Buch der Weisheit kennzeichnen ihn Steine auf dem verletz-
ten Haupt. Stephanus wird stets in der Amtstracht des Diakons dargestellt. Zum
heiligen Hieronymus – rechts im Bild – vgl. Nr. 16.

MAINARDI, SEBASTIANO DI BARTOLO
Florentinische Schule. Um 1460 San Gimignano – 1513 Florenz. Schüler und Gehilfe seines Schwagers Domenico Ghirlandaio. Tätig hauptsächlich in Florenz
und San Gimignano.

178. THRONENDE MARIA MIT DEM KIND UND HEILIGEN
Pappelholz. 170 x 210 cm.
Erworben 1821 aus der Sammlung Solly.
Kat.Nr. 84
Links neben der Madonna die Heiligen Klara und Paulus (vgl. Nr. 276). Die heili-
ge Klara (1194–1253) wurde erste Äbtissin des Schwesterordens der Franziskaner,
des »Zweiten Ordens der Armen Frauen«, deren Regeln sie schuf. Rechts die Hei-
ligen Franziskus (vgl. Nr. 276) und Katharina (vgl. Nr. 205). Über dem Thron der

Nr. 178

Madonna die Inschrift: AVE MARIA GRATIA PLENA $\overline{\text{DEC}}\overline{\text{V}}$ (»Sei gegrüßt Maria, du Begnadete, der Herr ist mit dir«), die auf die Verkündigung Bezug nimmt (Evangelium des Lukas 1, 28).

MARIESCHI, MICHELE

Venezianische Schule. 1696 – 1743 Venedig. Beeinflußt von Antonio Canal und Bernardo Belotto. Er war Architektur- und Landschaftsmaler, Theatermaler sowie Radierer. Tätig in Venedig und Deutschland.

179. ANSICHT DES DOGENPALASTES, DER PIAZETTA UND DES MARKUSTURMS ZU VENEDIG

Leinwand. 58 x 93 cm.

Aus den ehemals königlichen Schlössern Berlin.

Kat.Nr. 493 (früher Antonio Canal, Schule)

Das Stück vertritt den Typus der Vedute, der sachlichen Wiedergabe einer bestimmten Stadtansicht, u.U. mit technischen Hilfsmitteln wie der Camera obscura festgehalten. Die topographische Genauigkeit wird dabei zugunsten der Bildkomposition nur unwesentlich verändert.

180. ANSICHT DES CANAL GRANDE ZU VENEDIG
Leinwand. 58 x 93 cm.
Aus den ehemals Königlichen Schlössern Berlin.
Kat.Nr. 501 (früher Antonio Canal, Schule)
(Vgl. Nr. 179)

MARON, ANTON VON
Deutsche Schule. 1733 Wien – 1808 Rom. 1756 wohnte er bei seinem Lehrer A. R.
Mengs in Rom, heiratete dessen Schwester Theresa Concordia. Anschließend arbeitete er einige Jahre in Wien, reformierte erfolgreich 1772 die dortige Kunstakademie, daraufhin erfolgte die Verleihung des Adels. Seit 1766 Mitglied der römischen Lucas-Akademie.

181. SELBSTBILDNIS
Leinwand. 73 x 56 cm.
Bezeichnet rechts, schlecht lesbar: Anto de Maron se ipsum pingebat Romae.
1794 Etatio suae – 63.
1952 überwiesen.
Kat.Nr. 2202

MARZIALE, MARCO
Venezianische Schule. Vermutlich um 1440 – 1507. Nachweisbar seit 1492. Er war
wahrscheinlich Schüler, später Gehilfe von Giovanni Bellini. Beeinflußt von
Gentile Bellini und Albrecht Dürer. Tätig in Venedig und Cremona.

182. CHRISTUS IN EMMAUS
Pappelholz. 119 x 143 cm.
Bezeichnet auf einem Zettel rechts unten am Schemel: MARCHVS MARZIAL/
VENETVS . P M.D.VII .
Erworben 1821 aus der Sammlung Solly.
Kat.Nr. 1
Das Gemälde zeigt ein Ereignis, das nach der Auferstehung Christi stattgefunden
haben soll und ausführlich im Evangelium des Lukas (24, 13–35) beschrieben
wird: Jesus wandert mit zweien seiner Jünger zum Dorf Emmaus und wird erst
während des gemeinsamen Mahls beim Segnen des Brotes von ihnen erkannt.
Die Gruppe der Beteiligten – auch Christus – ist in Pilgerkleidung dargestellt. Sie
wird durch den Stifter Tommaso Raimondi und dessen Sohn erweitert (vgl. Nr.
80).

MASSYS, JAN
Südniederländische Schule. 1509 – 1575 Antwerpen. Maler von biblischen Historien, Genrestücken und Landschaften. Nachahmer seines berühmteren Vaters
Quentin Massys. 1531 Meister der Antwerpener Malergilde. 1544 - 1558 aus Antwerpen verbannt.

183. DIE BEIDEN STEUEREINNEHMER
      Halbfiguren.
      Eichenholz. 115 x 93 cm.
      Aus den ehemals Königlichen Schlössern Berlin.
      Kat.Nr. 671
      Geldwechsler, Wucherer, Steuereintreiber – ein verbreiteter und vielverhaßter Be-
      rufsstand – wurden in der Malerei zum beliebten Genrethema. Karikierte Züge
      kennzeichnen die Lasterhaftigkeit der Gewinnsucht und zugleich das Interesse
      der Zeit an den menschlichen Affekten. Im Geiste des Erasmus von Rotterdam
      wird der Geiz als eines der sieben Laster angeklagt und verhöhnt. Der Papagei ist
      ein altes Symbol der Verspottung.

DE MATTEIS, PAOLO siehe unter Nr. 255

MATTHIEU, GEORG DAVID

Deutsche Schule. 1737 Berlin – 1778 Ludwigslust. Schüler seines Vaters und seiner Stiefmutter und Tante, Anna Rosina Lisiewska. Hofmaler Herzog Friedrichs von Mecklenburg-Schwerin (seit 1764).

184. BILDNIS DER FRAU KAMMERRAT GIESE (1733–1796), GEB. V. SCHWERIN
Leinwand. 142 x 106 cm.
Erworben 1928 aus dem Berliner Kunsthandel.
Kat.Nr. 2043 (Gegenstück zu Kat.Nr. 2042)

185. BILDNIS DES JOACHIM ULRICH GIESE (1719–1780) AUS STRALSUND, GRÜNDER DER DORTIGEN FAYENCE-FABRIK
Leinwand. 142 x 106 cm.
Erworben 1928 aus dem Berliner Kunsthandel.
Kat.Nr. 2042 (Gegenstück zu Kat.Nr. 2043)

MEERT, PIETER

Flämische Schule. 1619 (?) Brüssel – 1669. Tätig in Brüssel.

186. MÄNNLICHES BILDNIS
Leinwand. 116 x 93 cm.
Erworben 1874 aus der Sammlung Suermondt, Aachen.
Kat.Nr. 844 A

MEISTER DER ARGONAUTEN-TAFELN

Florentinische Schule. Tätig im dritten Viertel des 15. Jahrhunderts als Cassonemaler (d.h. Maler von Truhenbildern). Benannt nach den Darstellungen auf zwei Tafeln in New York, Metropolitan Museum.

187. DARSTELLUNGEN AUS DER GESCHICHTE VON AMOR UND PSYCHE
Cassonebild.
Pappelholz. 40 x 130 cm.
Erworben 1917 aus der Sammlung Simon.
Kat.Nr. 1823 (Gegenstück von Kat.Nr. 1824)
Von links nach rechts: In einem Marmorpalast ruht der Gott Sol bei Entelechie. Die Frucht dieser Liebesstunde ist Psyche. Auf dem Balkon Psyche (hinter ihr die Schwestern), der Jünglinge huldigen. Die eifersüchtige Venus entsendet Amor, um Psyche zu strafen. Daneben, im Tempel Apollos, erhält Psyches Vater den Befehl, die Tochter vom Felsen zu stürzen. Abschied Psyches von den Eltern. Sie stürzt sich vom Felsen herab, wird aber von Zephirs Wolken aufgenommen. Psyche kommt in den Palast Amors, wo sie sich diesem vermählt. Die neidischen Schwestern besuchen sie, machen sie aber mißtrauisch gegen den Gemahl, dessen Gestalt sie nicht sehen darf. Psyche übertritt das Gebot und tritt nachts mit einer Öllampe an das Lager des schlafenden Amor. Amor entschwebt, vergeblich versucht sie, ihn zurückzuhalten (Apuleius, Metamorphosen oder der goldene Esel, IV, 28 und VI, 24; sowie Boccaccio, Genealogiae Deorum, V, 22).

Nr. 184

Nr. 185

188. DARSTELLUNGEN AUS DER GESCHICHTE VON AMOR UND
PSYCHE
Cassonebild.
Pappelholz. 40 x 130 cm.
Erworben 1917 aus der Sammlung Simon.
Kat.Nr. 1824 (Gegenstück von Kat.Nr. 1823)
Psyche liegt verzweifelt am Boden. Als Amor aus der Palme zu ihr spricht, erhebt
sie sich. Sie tritt einen Bittgang bei den Göttern an, um Verzeihung zu erlangen.
In dem Rundtempelchen im Hintergrund fleht sie Ceres an, dann kniet sie vor Ju-
no, die vor ihrem Palast steht. Psyche kommt zu Venus, die sie von Sollicitudo
und Tristitia züchtigen läßt und ihr schwere Strafdienste auferlegt. Von diesen
zeigt unsere Tafel nur einen: Psyche bringt Venus die mit der Schönheitssalbe
der Proserpina gefüllte Büchse und erlangt dadurch Versöhnung. Amor bittet
Zeus, Psyche in den Himmel aufzunehmen. Die Vermählung von Amor und
Psyche im Beisein von sieben Gottheiten. Rechts im Hintergrund die badende
Venus, die nun wieder Alleinherrscherin auf Erden ist (Schriftquelle siehe
Nr. 187). Vgl. Nr. 21.

MEISTER DER CRISPINUS-LEGENDE
Thüringer Schule (Erfurter Werkstatt?). Tätig 1. Hälfte 16. Jahrhundert. Benannt
nach einer Darstellung der Heiligen Crispinus und Crispinian in der Schuster-
werkstatt (1. Hälfte 16. Jahrhundert) im Museum für mittelalterliche österreichische Kunst in Wien.

189. ZWEI FLÜGEL EINES MARIENALTARS
Tannenholz. Je 225 x 114 cm mit Rahmen.
Erworben 1936
Kat.Nr. B 143
Die 14 Nothelfer zieren die Außenseiten (Werktagsseiten) der Altarflügel. Linke
Flügelaußenseite: Hl. Margarete (Schwert und Drachen) als Beschützerin der
Stadt Cortona, hl. Eustachius (Hirschkopf, auf dessen Mitte zwischen dem Ge-
weih ein Kreuz steht) als Schutzpatron der Jäger, hl. Pantaleon (beide Hände auf
den Kopf genagelt) als Schutzpatron der Ärzte und Physiker, hl. Georg (Rüstung)
als Schutzpatron der Kavallerie und der Soldaten, hl. Leonardus oder hl. Cyriacus (Tiere) als Schutzpatron des Viehs, der Gefangenen und der Gebärenden, hl.
Erasmus (Eingeweide auf einer Winde) als Hinweis auf sein Martyrium, hl. Katharina von Alexandrien (Kreuzstab) als Schutzpatronin der Philosophen, der
Seiler, der Spinner und der Studenten.
    Rechte Flügelaußenseite: Hl. Barbara (Kelch und Hostie) als Schutzpatronin
der Architekten, der Artillerie, der Bergleute, der Bürstenbinder, der Feuerwerk-
macher, der Glöckner, der Glockenspieler, der Hutmacher, der Maurer, der Salpe-
tersieder, der Schmiede, der Waffenschmiede, der Weber, der Zimmerleute, der
Gefangenen, darüber hinaus vor Blitz und unbußfertigen Tod, hl. Ägidius (ange-
schossene Hirschkuh) als Schutzpatron vor weiblicher Unfruchtbarkeit, hl. Bla-
sius (Bischofsstab und Horn) als Schutzpatron der Steinmetzen und als Helfer gegen Halsschmerzen, hl. Achatius (Diakonkleid und Hacke) bzw. der hl. Cyriacus,
der als Einsiedler Gemüse pflanzt, hl. Christophorus (Christkind auf den Schul-
tern) als Schutzpatron der Armbrustschützen und Helfer gegen unbußfertigen

Nr. 189

Tod und Zahnschmerzen, hl. Dionysus (mit seinem Kopf in Händen), hl. Veit (Hahn auf einem Buch) als Schutzpatron der Schauspieler und Tänzer sowie als Helfer gegen die Tanzwut (Veitstanz).

Der Altar ist zwischen 1513 und 1525 entstanden.

MEISTER VON FRANKFURT

Südniederländische Schule. Geboren 1460, noch Anfang des 16. Jh. in Antwerpen tätig. Benannt nach dem um 1505 für die Dominikanerkirche in Frankfurt a.M. gemalten Annenaltar und einem 1506 entstandenen Kreuzigungs-Triptychon in Frankfurt. Vermutlich kam der Meister von Gent nach Antwerpen, wo er zu den ersten schulbildenden Künstlern wurde. Setzt die Tradition der van Eycks und Hugo van der Goes fort und ließ sich später mehr von Quentin Massys und Joos van Cleve beeinflussen.

190. TRIPTYCHON

Mitte: Die heilige Anna selbdritt.

Rechter Flügel innen: Die heilige Barbara, außen: Maria der Verkündigung; linker Flügel innen: Die heilige Katharina, außen: Engel der Verkündigung .

Föhrenholz, oben geschweift. Mittelbild 87 x 55 cm; Flügel je 87 x 24 cm.

Erworben 1821 aus der Sammlung Solly (Mittelbild), 1874 (Flügel).

Kat.Nrn. 575/575 A/ 575 B

Die heilige Anna selbdritt, hindeutend auf die unbefleckte Empfängnis der Maria, zählt zu den in den Niederlanden bevorzugten Andachtsbildern. Die heilige Anna überreicht dem Christusknaben eine Birne, Symbol der in ihm vollzogenen Menschwerdung Gottes und seiner Liebe zur Menschheit, während ihre Tochter Maria in einem Buche liest. Über Christus schwebt die von Gottvater gesandte Taube des Heiligen Geistes – in der Vertikale insgesamt die Heilige Dreieinigkeit darstellend. Auf dem linken Altarflügel die heilige Katharina von Alexandrien, das Buch verweist auf ihre christliche Gelehrsamkeit, das Schwert und das zu ihren Füßen liegende Rad kennzeichnen ihr Martyrium. Rechts die heilige Barbara, deren Attribut der Turm ist, in dem sie eine längere Zeit verbrachte.

Zur Verkündigung vgl. Nr. 170.

(Apokryphen-Protoevangelium des Jakobus und Evangelium des Pseudo-Matthäus)

MEISTER DER GARDNER-VERKÜNDIGUNG

Anonymer mittelitalienischer Maler, tätig in der 2. Hälfte des 15. Jahrhunderts. Benannt nach einer Tafel mit der Verkündigung Mariae, die sich im Gardner-Museum in Boston befindet. Beeinflußt von Melozzo da Forlí und der florentinischen Malerei.

191. THRONENDE MARIA MIT DEM KIND

Mitteltafel eines Triptychons.

Pappelholz. 144 x 66 cm.

Datiert 1481.

Erworben 1821 aus der Sammlung Solly.

Kat.Nr. 129

Das Jesuskind vertritt einen Typus, der sich nach der Mitte des 14. Jahrhunderts durchzusetzen begann: Es ist unbekleidet. Etwa gleichzeitig wird die strenge, ze-

Nr. 192

remonielle Haltung von Mutter undd Kind durch ein intimeres Verhältnis abge-
löst. Der Granatapfel, den beide halten, ist ein antikes Symbol der Fruchtbarkeit
und der Unsterblichkeit; innerhalb der christlichen Symbolik wird er als Sinnbild der Auferstehung gedeutet. Hier kann er sowohl auf Christus als auch auf
Maria bezogen werden: Das Christkind reicht der Mutter einen Kern aus der
Frucht.

Am unteren Rand des Bildes die Inschrift: MARIA . $\overline{\text{VGO}}$. $\overline{\text{PRIS}}$ $\overline{\text{MR}}$. 7 GRE .
M̊CCCĊLXXXI (= MARIA VIRGO PATRIS MATER GRATIAE.) = Maria,
Jungfrau, Mutter der Gnade des Vaters. 1481

MEISTER DES GEREON-ALTARS
Kölnische Schule. Von 1410 – 1430 tätig.
192.   MARIENALTAR
Eichenholz. Mittelteil 160 x 160 cm; Flügel je 154 x 75 cm.
Erworben 1909.
Kat.Nr. 1627 A
Die ursprünglich für das Mittelfeld bestimmte geschnitzte und farbig gefaßte Figur der Maria mit dem Jesusknaben ist verschollen. Auf der linken Flügelinnenseite die hl. Barbara und die hl. Katharina. Auf der rechten Flügelinnenseite der
hl. Stephanus und die hl. Elisabeth. Auf den gemalten seitlichen Feldern der Mitteltafel rechts der hl. Gregorios und der hl. Gereon und links die hl. Helena und
der hl. Anno. Der Altar stammt aus der St. Gereons-Kirche in Köln.

MEISTER DER WEIBLICHEN HALBFIGUREN
Südniederländische Schule. Tätig vermutlich in Antwerpen 1525 – 1550. Benannt
nach gefälligen Darstellungen weiblicher Halbfiguren, Heilige, Marien mit Kind.
Herkunft vermutlich aus der Brügger Schule. Nach neuerer Forschung ist der Meister eher Landschafts- als Figurenmaler und steht dem Joachim Patinir nahe.

111

193. TRIPTYCHON
Mitte: Die Anbetung der Heiligen Drei Könige. Linker Flügel: Die ankommen-
den Hirten. Rechter Flügel: Der Mohrenkönig mit Gefolge.
Eichenholz, oben geschweift. Mittelbild 113 x 69 cm, Flügel je 114 x 28 cm.
Erworben 1920 als Geschenk von James Simon.
Kat.Nr. 1863
Zum Inhalt vgl. Nr. 46.

MEISTER DES HAUSBUCHS
Oberrheinische Schule. Tätig seit 1465 – um 1510. Benannt nach dem in schwäbi-
schem Privatbesitz befindlichen illustrierten Hausbuch aus dem letzten Viertel
des 15. Jahrhunderts. In den 1470er Jahren in Ulm und Augsburg. 1475 erlebte er
die Belagerung von Neuß mit. Anschließend Aufenthalt in den Niederlanden.
1480 war er am Hof des Pfälzer Kurfürsten in Heidelberg (?). 1482 Speyer, 1488
Brügge. In den 1480er Jahren in Frankfurt und Mainz.

194. DAS ABENDMAHL
Nadelholz. 131 x 75 cm.
Erworben 1930.
Kat.Nr. 2073
Das Tafelbild zeigt das letzte Abendmahl, das Christus mit seinen Jüngern am
Abend vor seinem Kreuztod gemeinsam einnahm. Sein Lieblingsjünger, Johan-
nes, verbirgt trauernd das Gesicht. Im Vordergrund Judas, der Christus an die
Obrigkeit verriet und dafür einen Beutel Silberlinge erhielt. Ihm ist als Verräter
des Messias kein Heiligenschein zugedacht worden (Johannes 13, 21–26). Die Ta-
fel, um 1475 entstanden, gehörte zum sogenannten Speyerer Passionsaltar.

MEISTER DER JOSEPHSFOLGE
Südniederländische Schule. Tätig in Brüssel zwischen 1470 – 1500. Benannt nach
sechs Rundbildern mit Themen aus der Josephslegende, wovon vier in Berlin, eines in München und eines in New-Yorker Museumsbesitz ist. Möglicherweise
identisch mit dem Hofmaler Philipps des Schönen, Jacob van Lathim.

195. JOSEPH WIRD AN DIE ISMAELITEN VERKAUFT
Eichenholz, rund. Durchmesser 148 cm.
Erworben 1863 aus der Sammlung des Staatsprokurators Abel in Stuttgart.
Kat.Nr. 539 A
Joseph von Ägypten wurde wegen seiner Vorrechte und Lieblingsrolle beim Vater
von seinen Brüdern beneidet. Auf einer Reise stießen sie ihn in eine Grube, um
ihn sterben zu lassen. Während sie beim Mahle waren, erschien eine Gruppe von
Ismaeliten, der sie den Bruder als Sklaven verkauften. Seinen Rock tränkten sie in
Tierblut, um dem Vater einen Beweis von Josephs Tod bringen zu können (Altes
Testament, 1. Mose 37, 3 ff.).

Nr. 194

196. JOSEPHS HEIRAT MIT ASENATH

Eichenholz, rund. Durchmesser 153 cm.
Erworben 1889 in London als Geschenk des Sir Wernher.
Kat.Nr. 539 D
Joseph, vom ägyptischen Pharao erhöht und als Verwalter eingesetzt, besucht ei-
nen Priester des On, Potiphara. Dessen Tochter Asenath, die bislang in einem
Turm ihr Leben den Götzen geweiht hatte, verliebt sich in Joseph, ihren späteren
Gemahl, und will nach Aufforderung ihres Vaters ihren Gast zur Begrüßung küs-
sen. Dieser begründet seine Abwehr mit Asenaths Götzendienst, worauf sie sich
davon lossagt und die goldenen Götzenbilder aus dem Turm wirft.
    (Vincent von Beauvais »Speculum Historiae« Kap. XIX–XXIV).

MEISTER DER PALA SFORZESCA
Lombardische Schule. Tätig um 1480 – um 1520, wohl vornehmlich in Mailand. Benannt nach einer Altartafel, die von Herzog Lodovico Sforza 1494 in Auftrag gegeben wurde und sich heute in der Pinacoteca di Brera in Mailand befindet. Beeinflußt von Vincenzo Foppa und Leonardo da Vinci.

197. THRONENDE MARIA MIT DEM KIND
Dreiviertelfigur.
Pappelholz. 91 x 53 cm.
Erworben 1821 aus der Sammlung Solly.
Kat.Nr. 284 A
Das Christkind hält in der linken Hand eine Schwalbe – sie ist ein Christussymbol, das auf die Menschwerdung hinweist.

MELZI, FRANCESCO
Mailändische Schule. 1493 – um 1570 Mailand. Schüler und Freund des Leonardo da Vinci, den er 1513 nach Rom und 1515 nach Frankreich begleitete. Tätig in Mailand.

198. VERTUMNUS UND POMONA
Pappelholz. 185 x 134 cm.
Aus den ehemals Königlichen Schlössern Berlin.
Kat.Nr. 222
Vertumnus, der Gott des Jahreswechsels und späterer Gatte der Pomona, der Nymphe der Obstgärten, versucht in der Gestalt eines alten Weibes Pomona zur Liebe zu bewegen, indem er ihr das Beispiel der Ulme vor Augen hält, die der Rebe Halt gibt (Ovid, Metamorphosen XIV, 623–700).

METSU, GABRIEL
Holländische Schule. 1629 Leiden – 1667 Amsterdam. Einfluß von Jan Steen, Gerard Terborch, Pieter de Hooch und Jan Vermeer. Tätig in Leiden und Amsterdam. Maler von Genreszenen aus dem gehobenen Milieu.

199. DAS DUETT
Eichenholz. 41 x 30 cm.
Erworben 1936.
Kat.Nr. B 111

MIEREVELT, MICHIEL JANSZ. VAN
Holländische Schule. 1567 – 1641 Delft. Schüler des Willem Willemsz. und des Anthonie van Blockland. Tätig in Delft, zeitweilig im Haag als Hofmaler der oranischen Statthalter.

200. BILDNIS DES HOLLÄNDISCHEN THEOLOGEN
JAN UYTENBOGAERT
Brustbild.
Eichenholz. 63 x 55 cm.
Bezeichnet oben links: Ao 1632. AETA 75
Erworben 1874.
Kat.Nr. 748 A

Der Dargestellte (1557–1644) war ein namhafter Theologe, Remonstranten- und Hofprediger des Prinzen Maurits von Nassau im Haag. Nach eigener Angabe saß er M. v. Mierevelt während seines Aufenthalts in Delft vom 2.–7. Juli 1631 Modell. Es existieren zahlreiche Repliken des Porträts.

MIGNON, ABRAHAM

Holländisch-deutsche Schule. 1640 – 1679 Frankfurt am Main. Schüler des Jacob Marrellus in Frankfurt und des Jan Davidsz. de Heem in Utrecht. Tätig in Utrecht, Frankfurt a.M. und kurze Zeit in Wetzlar.

201. STILLEBEN MIT TOTEM REBHUHN UND TOTEN VÖGELN VOR EINER STEINNISCHE
Eichenholz. 54 x 41 cm.
Bezeichnet rechts unten: A Mignon. f.
Erworben 1904.
Kat.Nr. 1642

MILLET, JEAN FRANÇOIS, GENANNT FRANCISQUE

Französische Schule. 1642 Antwerpen – 1679 Paris. Schüler seines nachmaligen Schwiegervaters Laurens Francken, desgleichen auch des A. Genoels. 1659 Übersiedlung nach Paris. Stand ebenfalls stark unter N. Poussins künstlerischem Einfluß. Vertreter der klassizistischen Landschaftsmalerei um G. Dughet.

202. DIE FINDUNG DES MOSES
Leinwand. 90 x 130 cm.
Erworben 1921 durch Tausch aus dem Rudolfinum Prag.
Kat.Nr. 1899

Pharao, dem der Machtzuwachs der Israeliten in Ägypten zu gewaltig war, entschied, alle männlichen Nachkommen dieses Volkes in seinem Reich zu töten. Vielfach jedoch hielt man sich nicht an dieses frevelhafte Gesetz. Nachdem Moses geboren wurde, sahen die Eltern aus dem Hause Levi keine andere Möglichkeit, das Kind zu retten, als es in ein kleines wasserdichtes Behältnis im Uferschilf zu verstecken. Seine Schwester bewachte aus einiger Entfernung den kleinen Moses. Pharaos Tochter, im Begriff ein Bad im Fluß zu nehmen, entdeckt das Kind, läßt es sich bringen und gibt es unwissentlich der Mutter zum Säugen. Die Tochter Pharaos besteht auf dem Vorrecht gegenüber dem Knaben, denn sie hat ihn im Schilf entdeckt. Das herangewachsene Kind wird ihr schließlich übergeben, und sie nannte es fortan Moses (Altes Testament 2. Mose 2, 5–8). Vgl. Nr. 34.

Die Örtlichkeit, in die die Handlung eingebettet ist, weist Ähnlichkeiten mit der Gegend um Rom auf, welche durch die »Engelsburg« und der Brücke über den Tiber weltberühmt geworden ist.

MOEYAERT, CLAES CORNELISZ.
Holländische Schule. 1591/92 – um 1655 Amsterdam. Reise nach Italien, dort Einfluß von Elsheimer. Tätig in Amsterdam, beeinflußt von Lastman und Rembrandt. 1630 Mitglied der Malergilde. Malte Historien, Porträts und Landschaften.

203. RUTH UND BOAS
Eichenholz. 72 x 87 cm.
Alter Besitz.
Kat.Nr. 1451
Die Moabiterin Ruth, die nach dem Tode ihres Mannes mit ihrer Schwiegermutter nach Bethlehem gezogen ist und für deren Lebensunterhalt sorgt, liest Ähren auf dem Feld des Boas. Bei einer Begegnung wird sie von ihm für ihre Fürsorglichkeit gelobt (Altes Testament, Buch Ruth 2, 1–13).

MOLENAER, JAN MIENSE
Holländische Schule. 1609/10 – 1668 Haarlem. Schüler des Frans Hals, Einfluß auch von Adriaen Brouwer. 1636 Heirat mit der Malerin und Hals-Schülerin Judith Leyster. Tätig in Haarlem, Amsterdam und Heemstede.

204. DIE WERKSTATT DES MALERS
Leinwand. 91 x 127 cm.
Bezeichnet oben an der Landkarte: JMROLENAER (JMR verbunden) pinxit 1631.
Erworben 1837.
Kat.Nr. 873
Der Maler im Bild ist vermutlich ein Selbstbildnis.

MONTAGNA, BARTOLOMEO
Schule von Vicenza. Um 1450 wahrscheinlich Biron bei Vicenza – 1523 Vicenza. Vielleicht Schüler von Domenico Morone, möglicherweise Gehilfe von Giovanni Bellini, der ihn stark beeinflußte. Anregungen erhielt er zudem von den Vivarini und Antonello da Messina. Tätig in Venedig, Vicenza, Verona und Padua.

205. THRONENDE MARIA MIT DEM KIND UND DEN HEILIGEN
HOMOBONUS UND FRANZISKUS
Leinwand. 203 x 157 cm.
Bezeichnet auf der gemalten Leiste unten in der Mitte: OPVS MONTAGNA
Erworben 1821 aus der Sammlung Solly.
Kat.Nr. 44
Auf dem Thronsockel die Buchstaben M . D . = Mater Domini (lat. Mutter des Herrn)
Zum hl. Franziskus vgl. Nr. 276.
Der hl. Homobonus (gestorben 1197) war Kaufmann; daneben widmete er sich der Wohltätigkeit an Armen und Kranken. Die Darstellung des Heiligen in bürgerlicher Kleidung, an Arme Almosen verteilend, ist üblich.
Unten in der Mitte in der Form einer gefaßten Statue die Gestalt der hl. Katharina von Alexandrien, die unter Kaiser Maxentius den Martertod erlitten haben soll. Sie trägt den Palmzweig als Zeichen des Sieges über den Tod und das Buch als Symbol der Gelehrsamkeit. Zu ihren Füßen ein Rad, eines der Werkzeuge ih-

res Martyriums. In der Demut andeutenden »Bedeutungsperspektive«, vom hl. Franziskus empfohlen, der kleiner als die Heiligengestalten gezeigte Stifter des Altars, der Franziskaner Bernardino da Feltre. Über seinen Händen – zu Füßen der Madonna – das Zeichen der Pfandhäuser, deren Begründer Bernardino war: Man bezeichnete sie als »Montes pietatis« (lat. Berge der Mildtätigkeit).

MONTEMEZZANO, FRANCESCO
Venezianische Schule. Um 1540 Verona – nach 1602 Venedig. Schüler des Paolo Veronese, beeinflußt auch von Tintoretto. Tätig vorwiegend in Venedig und Verona.

206. BEWEINUNG CHRISTI MIT STIFTERFAMILIE
Leinwand. 110 x 150 cm.
Erworben 1907 aus dem englischen Kunsthandel.
Kat.Nr. 1666
Zum Thema Beweinung vgl. Nr. 49.
Auf dieser Darstellung wird der tote Christus lediglich von der Mutter Maria betrauert, eine Form des Themas, die als Pietà (ital. Mitleid) oder Vesperbild bezeichnet wird. Die Anwesenheit der Stifterfamilie bei dieser Szene ist hier wichtigstes Anliegen der Bildkonzeption.

MORONE, FRANCESCO
Veronesische Schule. Um 1471 – 1529 Verona. Schüler und Mitarbeiter seines Vaters Domenico, über diesen angeregt durch Antonello da Messina, Andrea Mantegna und Vittore Carpaccio. Er arbeitete zeitweilig unter gegenseitiger Einflußnahme mit Michele da Verona, Girolamo dai Libri und Cavazzola zusammen.

207. THRONENDE MARIA MIT DEM KIND UND DEN HEILIGEN ANTONIUS UND ONUFRIUS
Bezeichnet rechts unten: FRANCISCVS MORONVS P.
Erworben 1821 aus der Sammlung Solly.
Kat.Nr. 46 B
Links im Bild der hl. Antonius der Eremit (geboren 251), Einsiedler und Klostergründer. Das attributiv beigeordnete Schwein weist auf das Privileg der Schweinezucht bei dem 1059 gegründeten Antoniter-Orden hin; der Heilige gilt nachfolgend als Patron der Haustiere. Die Glocke am Stab – sie wurde während der Pestepedemien warnend geläutet, wenn Kranke oder Tote transportiert wurden – ist ein Verweis auf die Krankenpflege des Ordens.
Rechts der hl. Onufrius, angeblich persischer oder abessinischer Königssohn, der auf die Herrschaft verzichtete und in der östlichen Sahara sechzig Jahre lang in Askese lebte. Die Landschaft im Hintergrund zeigt Legendenszenen. Das Wappen ist bisher nicht identifiziert.

MORONI, GIOVANNI BATTISTA
Schule von Bergamo. 1520/25 Albino bei Bergamo – 1578 Bergamo. Schüler des Moretto in Brescia; von ihm wurde er entscheidend beeinflußt, daneben von Lorenzo Lotto. Tätig in Bergamo und Umgebung als Maler von religiösen Darstellungen, vor allem aber von Porträts.

Nr. 208

208.   BILDNIS EINES GELEHRTEN
Halbfigur.
Leinwand. 97 x 80 cm.
Erworben 1873 in Florenz.
Kat.Nr. 193 A
Ein Buch ist hier – wie auf Heiligendarstellungen – Hinweis auf Gelehrsamkeit.
Die Pflanze in der rechten Hand des Dargestellten ist ein Berufsattribut: Er war
vermutlich Botaniker, möglicherweise auch Arzt.

209. BILDNIS EINES MANNES
Leinwand. 64 x 48,5 cm.
Erworben 1842 in Rom von dem Maler Agostino Ximenez.
Kat.Nr. 193

MOUCHERON, FRÉDERIC
Holländische Schule. 1633 (?) Amsterdam (?) – 1686 Amsterdam. Schüler des Jan
Asselyn. Reisen nach Paris und Antwerpen, Aufenthalt in Rotterdam. Tätig in
Amsterdam.

210. ITALIENISCHE LANDSCHAFT
Leinwand. 110 x 87 cm.
Bezeichnet links unten auf dem Stein: F.D. Moucheron
Erworben 1916.
Kat.Nr. 1742

DE' MURA, FRANCESCO
Neapolitanische Schule. 1696 – 1782. Schüler des Francesco Solimena. Tätig in
Neapel und Turin als Freskant und Maler von Staffeleibildern sowohl religiöser
als auch profaner Thematik und Porträts.

211. ZUG DES BACCHUS
Leinwand. 77 x 115 cm.
Erworben 1924 in Rom.
Kat.Nr. 1929
Bacchus (griech. Dionysos), Gott der Fruchtbarkeit, des Weins und Schutzherr
des Weinbaus. Die Begleiter auf seinem Triumphzug sind Silen, der auf einem
Esel reitet, Satyrn – Naturgottheiten, die tierische Merkmale wie Pferde- oder
Bocksbeine, lange Ohren und Schwänze haben können –, Nymphen – fruchtbar-
keitsspendende weibliche Naturgottheiten –, Eroten und dem Bacchus häufig
zugeordnete Tiere, wie Böcke und Panther (vgl. Nr. 51).

MUZIANO, GIROLAMO
Schule von Brescia. 1528 Aquafredda bei Brescia – 1592 Rom. Schüler von Girolamo Romahino, beeinflußt von Tizian, nachfolgend von Michelangelo. Seit 1548
in Rom tätig. Begründer der dortigen Accademia di S. Luca.

212. LANDSCHAFT MIT DEM HEILIGEN HIERONYMUS
Leinwand. 34 x 63 cm.
Erworben 1928 in Berlin.
Kat.Nr. 2034
Heroische Landschaften wie diese nutzen beim Naturstudium gewonnene Anre-
gungen in einer freien Bildkomposition. Einflüsse der niederländischen Malerei
werden in diesem Stück deutlich, wobei im Gegensatz zu dieser die Gestalt des
Heiligen im Vordergrund einen gewissen Eigenwert bewahrt (vgl. Nr. 16).

NASON, PIETER
Holländische Schule. 1612 Amsterdam – vor 1691 im Haag. Vermutlich Schüler
des Jan van Ravesteijn. Tätig zeitweilig am Kurfürstlichen Hof in Berlin, hauptsächlich im Haag. Maler von Porträts und Stilleben.

213. BILDNIS EINES JUNGEN MANNES
Leinwand. 83 x 67 cm.
Bezeichnet links unten am Postament: PNason, (P und N verbunden) f. 1668
Erworben 1847 aus Privatbesitz, Berlin.
Kat.Nr. 1007 A

214. STILLEBEN MIT POKAL, GLÄSERN UND FRÜCHTEN
Leinwand. 84 x 70 cm.
Bezeichnet links unten am Postament: P. Nason: f.
Aus den ehemals Königlichen Schlössern Berlin.
Kat.Nr. 977

NATTIER, JEAN MARC
Französische Schule. 1685 Paris – 1766 ebd. 1717 in Amsterdam, hier porträtiert er
Peter d. Gr. und Katharina I. (Leningrad, Ermitage), 1718 Mitglied der Académie
Royale in Paris, 1734 Ernennung zum Maler des Großpriors des Tempelordens.
1737 erster Erfolg im Salon als Porträtist. Wurde daraufhin u.a. Maler der Mme.
Pompadour, des Königs und der Königin sowie des Dauphins und der Dauphine.
Zeigte große Vorliebe für mythologisch-allegorische Einkleidung seiner Modelle.

215. BILDNIS DER MARIA CLARA PHILIPPINA VON INGELHEIM
(1707–1774)
Leinwand. 105 x 83 cm.
Rechts am Gürtel signiert: Nattier
Inschrift auf der Rückseite: Maria Cla : Philip : Gräf : v. Ingelheim geb : freÿ : v :
Dalberg, geb : den 15// Aug : 1707. Verm : 22// Octob : 1722. † den 27// März 1774
Erworben 1968 aus Privatbesitz.
Kat.Nr. 2247
Die Dargestellte (Kämmerin von Worms gen. v. Dalberg) ist die Frau des Johann
Philipp von Ingelheim, gen. Echter von Mespelbrunn, kaiserlicher und kurmain-
zischer Geh. Rat. Offenbar handelt es sich hier um seine Cousine mütterlicher-
seits. Der Familiensitz war Schloß Mespelbrunn im Spessart (Westfalen).

NEER, AERT VAN DER
Holländische Schule. 1603 – 1677 Amsterdam. Einfluß von Raphael und Joachim
Camphuysen sowie Esaias van de Velde und Pieter Molijn. Tätig in Amsterdam,
wo er von 1658–1662 nebenbei eine Weinschänke betrieb. Maler von Landschaften.

216. MONDSCHEINLANDSCHAFT
Leinwand. 53 x 73 cm.
Bezeichnet unten rechts: Avd (verbunden) N
Erworben 1874 aus der Sammlung Suermondt, Aachen.
Kat.Nr. 842 A

Nr. 214

NERI DI BICCI
Florentinische Schule. 1419 – 1491 Florenz. Schüler seines Vaters Bicci di Lorenzo. Er unterhielt eine große Werkstatt mit zahlreichen Gehilfen. Tätig in Florenz als Maler von architektonischen Dekorationen und Tafelbildern.

217. THRONENDE MARIA MIT HEILIGEN
Pappelholz. 183 x 191 cm.
Alter Besitz.
Kat.Nr. 1459
Die nährende Maria gehört zu den traditionellen, aus der byzantinischen Kunst herrührenden Darstellungstypen. Links im Bild die Heiligen Remaklus und Petrus (vgl. Nr. 264), rechts der Erzengel Raffael mit dem jungen Tobias (vgl. Nrn. 103, 104). Remaklus (um 600 – 668) war Bischof von Maastricht und Klostergründer. Der Wolf zu seinen Füßen verweist auf eine Belehrung der Mönche: Die Furcht vor dem Bösen – so auch vor den um das Kloster streifenden Wölfen – würde mit der strengen Erfüllung klösterlicher Pflichten vergehen.

Christus am Kreuz, von Maria und Johannes betrauert, wird isoliert von der Hauptszene als kleine Altartafel wiedergegeben; damit wird das bei der Messe geforderte Kruzifix vom Maler mitgeliefert.

NEUFCHATEL, NICOLAS GENANNT LUCIDEL
Südniederländische Schule. Geboren 1527 in der Grafschaft Bergen im Hennegau; nach 1567 nicht mehr nachweisbar. 1539 Schüler bei Pieter Coecke van Aelst in Antwerpen. Tätig auch in Nürnberg als Bildnismaler von 1561 – 1567.

218. BILDNIS EINER NÜRNBERGER PATRIZIERIN
Halbfigur.
Leinwand. 76,5 x 66,35 cm.
Erworben 1910 als Geschenk von R. Laugton Douglas, London.
Kat.Nr. 632 D

NIEDERLÄNDISCH, UM 1490
In der Art des Jan Provost (1465 – 1529).

219. VERKÜNDIGUNG MARIAE
Zwei Flügel eines Triptychons.
Links: Maria; rechts: Engel der Verkündigung
Eichenholz. Je 81 x 26 cm.
Erworben vor 1884.
Kat.Nr. 1596/1597
Zum Inhalt vgl. Nr. 122 (Hugo-van-der-Goes-Nachfolger).

Nr. 220a

NIEDERLÄNDISCH, UM 1520

Vermutlich nordniederländischer Nachfolger des Lucas van Leyden.

220. HIMMELFAHRT CHRISTI

Rückseite in Grisaille: Die Heiligen Martha und Lazarus in gemalter Architektur.
Eichenholz. 74 x 84 cm.
Erworben 1821 aus der Sammlung Solly.
Kat.Nr. 1189
Zum Thema vgl. Nr. 116.

Nach dem Kreuzestod, Grablegung und Auferstehung (Ostern) tritt Christus
während vierzig Tagen in mancherlei Erscheinungen vor seinen Anhängern auf.
Am 40. Tag sammelt er die Apostel um sich und heißt sie, nicht »von Jerusalem zu
weichen«, bis sie mit dem heiligen Geist getauft würden (Pfingsten) und steigt in
einer Wolke gen Himmel (Eingang zum Vater). Evangelien Markus 16,19; Lukas
24, 50 f.; Apostelgeschichte 1,9.

Unsere Darstellung basiert auf dem in der Gotik üblichen Typ des entschwin-
denden Christus, von dem nur noch die Füße sichtbar sind. Abweichend vom Bibeltext ist die Anwesenheit der Maria und die Gruppe der disputierenden Män-
ner in phantastischer Tracht.

Rückseite: Der hl. Lazarus galt als Schutzpatron der Bettler, die hl. Martha mit
dem Drachen, dem Symbol überwundenen Heidentums.

Nr. 220b

Anonymer südniederländischer Meister unter Patinirs Einfluß. Angeregt durch Kupferstiche von Lucas van Leyden.

221. DIE FLUCHT NACH ÄGYPTEN
Pappelholz. 28 x 65 cm.
Erworben 1821 aus der Sammlung Solly.
Kat.Nr. 1195 (Gegenstück zu Kat.Nr. 1197)
Der Nährvater Joseph wird im Traum von einem Engel aufgefordert, mit Maria und dem Christuskind nach Ägypten zu fliehen, um es vor dem Tötungsbefehl des Königs Herodes zu bewahren (Evangelium des Matthäus 2,13–23). Das Bildschema mit Maria auf dem Esel, den Joseph führt, gilt seit dem 6./7.Jh. Im späten Mittelalter dient das Motiv vor allem zur Landschaftsdarstellung. Unser Bild greift auf Dürers Holzschnitt aus dem Marienleben von 1503 zurück.

222. DIE ANBETUNG DER KÖNIGE
Pappelholz. 28 x 65 cm.
Erworben 1821 aus der Sammlung Solly.
Kat.Nr. 1197 (Gegenstück zu Kat.Nr. 1195)
Zur Darstellung vgl. Nr. 46.

Nr. 223

NÜRNBERGISCH
Süddeutsche Schule um 1510. Dürer-Umkreis.
223. LANDSKNECHTE IN HÜGELIGER LANDSCHAFT (Fragment)
Tannenholz. 57 x 51 cm.
Erworben 1918 als Geschenk von James Simon.
Kat.Nr. 1865

D'OGGIONO, MARCO
Mailändische Schule. Um 1475 Oggiono bei Mailand – 1549 Mailand. Schüler
von Leonardo da Vinci. Als Freskant und Maler von Tafelbildern in Mailand tä-
tig.
224. DER HEILIGE SEBASTIAN
Pappelholz. 76 x 48,5 cm.
Erworben 1896 aus dem Florentiner Kunsthandel.
Kat.Nr. 210 A
Zum Inhalt vgl. Nr. 44.

OLMO, GIOVANNI PAOLO
Schule von Bergamo. Um 1550 – 1593 Bergamo. Vermutlich Schüler von Giovan-
ni Battista Moroni, beeinflußt von den Werken des Moretto da Brescia. Tätig in
Bergamo und Sulmona, vorwiegend als Schöpfer religiöser Bilder.
225. MARIA MIT DEM KIND UND DEN HEILIGEN PETRUS UND
LAURENTIUS
Bezeichnet auf dem Sockel des Thrones: Io. PAVLVS. VLMVS . F.
Leinwand. 182 x 131 cm.
Erworben 1821 aus der Sammlung Solly.
Kat.Nr. 1188
Zum hl. Petrus vgl. Nr. 264, zum hl. Laurentius Nr. 285. Die von Engeln getragene
Krone ist Attribut der Maria; diese Art der Darstellung geht auf mittelalterliche
Tradition zurück und weist auf die Verherrlichung Mariae hin. Das Kind wird
durch den Apfel und den Segensgestus als Erlöser gekennzeichnet.
        Der Apostelfürst Petrus links im Bildd starb vermutlich 64/67 u. Z. während der
Christenverfolgungen in Rom. Die »Schlüssel des Himmelreichs« – persönliches
Attribut – weisen auf seine exponierte Stellung in der frühen christlichen Ge-
meinschaft hin. – Der Diakon Laurentius erlitt 253/260 in Rom den Tod auf einem Feuerrost; er trägt den Palmzweig des Märtyrers, der als Zeichen des überwundenen Todes und Hinweis auf das Paradies gilt.

L'ORTOLANO, GIOVANNI BATTISTA BENVENUTI, GENANNT L'ORTOLANO
Ferraresische Schule. Vor 1488 – 1525 Ferrara. Schüler von Boccaccio Baccacino
und Lorenzo Costa, beeinflußt von Garofalo sowie von Francesco Francia. Nach-
weisbar zwischen 1512 und 1524 in Ferrara tätig.
226. MARIA MIT DEM KIND
Leinwand. 99 x 74 cm.
Erworben 1821 aus der Sammlung Solly.
Kat.Nr. 1332

PALAMEDESZ., PALAMEDES
Holländische Schule. Um 1607 London – 1638 Delft. Bruder und wahrscheinlich
Schüler des Anthonie Palamedesz. Tätig in Delft, 1627 in der Malergilde. Maler
von Reiterschlachten.

227. GEFECHT ZWISCHEN KAISERLICHEN UND SCHWEDEN
Eichenholz. 43 x 81 cm.
Bezeichnet rechts unten: Palamedes. 1630
Aus den ehemals Königlichen Schlössern Berlin.
Kat.Nr. 982

PANNINI, GIOVANNI PAOLO
Römische Schule. 1691 Piacenza – 1765 Rom. In Piacenza wahrscheinlich Schüler
von Francesco Galli Bibiena, beeinflußt von Giovanni Ghisolfi. In Rom seit 1711
weitergebildet bei Benedetto Luti, beeinflußt von Andrea Locatelli und Sebastiano Conca. Zunächst tätig als Freskant, später spezialisierte er sich auf Veduten
und Ruinenlandschaften.

228. RUINENLANDSCHAFT
Leinwand. 135 x 97 cm.
Erworben 1958 aus Privatbesitz, Berlin.
Kat.Nr. 2221
Ruinenmalerei entwickelte sich im 17. Jahrhundert zu einer Sondergattung der Ar-
chitektur- und Landschaftsmalerei; Anregungen dazu gehen von Italien aus. In
den Darstellungen können konkrete Bauwerke in frei erfundenen, nach künstlerischen Gesichtspunkten komponierten Raumzusammenhängen erscheinen
oder, wie hier, überhaupt frei nachempfunden sein. In diesem Fall werden antike
Bauelemente und Details unabhängig vom archäologisch festzustellenden Tat-
bestand genutzt, da es dem Künstler lediglich auf den romantischen Stimmungs-
wert der Szene ankommt, der durch die Staffagefiguren unterstützt wird.

PEETERS, BONAVENTURA
Flämische Schule. 1614 Antwerpen – 1652 Hoboken bei Antwerpen. Einfluß von
dem Marinemaler Jan Porcellis. Tätig in Antwerpen und Hoboken. 1634/35 in
der Antwerpener Malergilde. Malte, wie zwei Brüder und der gleichnamige Neffe,
Seestücke.

229. KRIEGSSCHIFFE AUF BEWEGTER SEE
Eichenholz. 48 x 71 cm.
Bezeichnet rechts unten an einem Pfahl: B P., 1636
Aus den ehemals Königlichen Schlössern Berlin.
Kat.Nr. 939

Nr. 228

Nr. 230

PENCZ, GEORG
Süddeutsche Schule. Um 1500 Nürnberg – 1550 Leipzig. Stand unter Dürers und Behams künstlerischen Einflüssen. Studienreise in Italien nachgewiesen. Hauptsächlich in Nürnberg tätig.

230. HERRENBILDNIS
Lindenholz. 106 x 82 cm.
Bezeichnet links oben: 15 $\frac{P}{G}$ 34
Erworben vor 1820 von Johann Friedrich Frauenholz.
Kat.Nr. 585

Schule von PERUGIA
siehe unter SCHULE

PESNE, ANTOINE
Französische Schule. 1683 Paris – 1757 Berlin. Schüler seines Vaters Th. Pesne, des Onkels Ch. de Lafosse und der Pariser Akademie.
Seit 1705 in Italien, vornehmlich Venedig, studiert er die Werke Tizians und Veroneses. 1710 Übersiedlung der Familie Pesne nach Berlin. 1711 zum Hofmaler ernannt. 1715, 1718 und 1728/29 in Dresden. 1720 Mitglied der Académie Royale Paris, 1723 Paris und London, 1724 wieder in Berlin. Ab 1740, Regierungsübernahme durch Friedrich den Großen, seine fruchtbarste Schaffensperiode, die eigentlich bereits während der sog. Rheinsberger Zeit (1736–1740) des Kronprinzen für den Maler begann. Wird 1757 neben G.W. v. Knobelsdorff in der Neuen Kirche (Deutscher Dom) auf dem Gendarmenmarkt bestattet. Seine Malerei war ein wichtiges Bindeglied für die Vermittlung und Verbreitung französischer Kunst in Brandenburg-Preußen.

231. BILDNIS DES ORIENTALISTEN MATHURIN VEYSSIÈRE DE LA CROZE (1661–1739)
Leinwand. 103 x 81,5 cm.
Ehem. Besitz des Berliner Münzkabinetts.
Von 1717-1739 bekleidete der Dargestellte den Direktorenposten des Berliner Münzkabinetts. Hier ist er vor seiner 1724 erschienenen »Histoire de Christianisme des Indes« sitzend wiedergegeben. Er war ein Lehrer der Prinzessin Wilhelmine von Preußen, nachmaliger Markgräfin von Bayreuth. Möglicherweise gehörte das Porträt zur Gelehrtengalerie der Königin Sophie Dorothea im Schloß Monbijou. Das mit 56 Talern und 12 Groschen sehr hoch bewertete Gamälde ging durch Erbschaft in den Besitz der obengenannten Markgräfin über.

PIETERSZ., PIETER
Nordniederländische Schule. Maler von Porträts. 1543 Antwerpen – 1603 Amsterdam. Sohn und Schüler des Pieter Aertsen. Tätig in Haarlem, seit 1581 in Amsterdam.

232. FAMILIENBILDNIS DES AMSTERDAMER VERLEGERS
LAURENS JACOBSZOON MIT FRAU UND DREI SÖHNEN
Holz. 73 x 166 cm.
Inschrift links auf einer Tafel: LVB (ligiert) AN^O 1598 – AETA . MEAE 36 –
VXORIS 34 – IACOBI 12 – HINRICI 10 – IOANNIS 1/2 –
Erworben 1821 aus der Sammlung Solly.
Kat.Nr. II 241
Die Inschrift – vormals als Malersignum zu deuten versucht – bezieht sich auf den Verlag von vergoldeten Bibeln, den der Dargestellte betrieb.

PIOMBO, SEBASTIANO LUCIANI, GENANNT DEL PIOMBO
Venezianische Schule. Um 1485 Venedig – 1547 Rom. Schüler von Giovanni Bellini und Giorgione, beeinflußt von Michelangelo. 1531 wird ihm das Amt des päpstlichen Siegelbewahrers übertragen. Tätig in Venedig, Orvieto und Rom.

233. BILDNIS EINES MANNES
Brustbild.
Schiefer. 70 x 52 cm.
Erworben 1929 aus Privatbesitz, Florenz
Kat.Nr. 234

234. BILDNIS EINES KARDINALS MIT SEINEM SEKRETÄR
Kniestück.
Leinwand, von Holz übertragen. 155 x 129,5 cm.
Erworben 1936 durch Überweisung.
Kat.Nr. B 113
Der Dargestellte ist möglicherweise Kardinal Salviati (gest. 1553). Er entstammt einer florentinischen Familie, die seit dem 12. Jahrhundert höchste Ämter in der Stadtverwaltung bekleidete. 1517 erhielt Giovanni Salviati die Kardinalswürde.

POELENBURGH, CORNELIS VAN
Holländische Schule. 1586 – 1667 Utrecht. Schüler des Abraham Bloemaert. Längerer Aufenthalt in Italien, vornehmlich in Rom 1617–1626, 1621 tätig in Florenz für den Großherzog der Toskana; zeitweilig in England. Seit 1627 vor allem in Utrecht tätig. Malte italianisierende Landschaften mit mythologischer Staffage.

235. AMARYLLIS REICHT MYRTILL DEN PREIS
Leinwand. 115 x 146 cm.
Bezeichnet in der Mitte unten: C.P.
Aus den ehemals Königlichen Schlössern Berlin.
Kat.Nr. 956
Szene aus dem Hirtenspiel des Italieners Giovanni Battista Guarini (1537-1612)»Il pastor fido«: Amaryllis entscheidet, daß der als Mädchen verkleidete Myrtill von allen ihren Gefährtinnen am besten küßt (II, 1).

132

POORTER, WILLEM DE

Holländische Schule. 1608 vermutlich Haarlem – 1648 (?). Beeinflußt von Rembrandts Frühwerken. Tätig in Haarlem und Wijk bei Heusden. Maler von biblischen und mythologischen Historien.

236. GEFANGENNAHME SIMSONS

Eichenholz. 50 x 62 cm.
Bezeichnet am Türsturz: W.D.P.
Erworben 1873.
Kat.Nr. 820 A

Dem jungen Simson war von Gott eine übermenschliche Kraft geschenkt worden, die ihn auf wunderbare Art die Feinde seines Volkes, die Philister, besiegen ließ. Sie sollte jedoch schwinden, sobald sein Haar geschnitten würde. Bei der von den Philisterfürsten gekauften Dirne Delila offenbart er auf ihr Drängen dieses Geheimnis seiner Kraft und wird schlafend seinen Gegnern ausgeliefert (Altes Testament, Buch der Richter 16, 1–20).

POURBUS D. Ä., FRANS

Südniederländische Schule. Maler von Porträts und seltener von Historien. Geboren 1545 in Brügge, gestorben 1581 in Antwerpen. Sohn des Bildnismalers Pieter Pourbus. 1569 in Antwerpen Meister der Malergilde. Schüler von Frans Floris ebd. Einfluß vor allem durch Antonis Mor.

237. BILDNIS EINES GELEHRTEN

Dreiviertelfigur.
Holz. 109 x 80 cm.
Inschrift rechts oben: (A)ETAT . SUAE . 57
                                                    1566
Erworben 1958 durch Überweisung.
Kat.Nr. 2225

Auf dem Tisch ist ein physikalisches Gerät erkennbar. Der gerollte Zettel führt einen Bibeltext auf. Evtl. ist der Dargestellte mit Wolfgang Andreas Rem (1511 Worms – 1588 Augsburg) identisch, der Domprobst von Augsburg war, wie sein Vater, Lucas Rem, mit Erasmus von Rotterdam befreundet war, sich mit Mathematik befaßte und physikalische Instrumente konstruierte.

POUSSIN, NICOLAS

Französische Schule. 1594 Villers bei Les Andelys (Normandie) – 1665 Rom. Schüler des Quentin Varin in Les Andelys (um 1610–1612) und Ferdinand Essés und George Lallemand in Paris. In Rom Studien nach Domenichino, Raffael und antiker Kunst. Von etwa 1612–1632 in Paris tätig (mit Unterbrechungen), dann noch einmal 1640–1642 als »Peintre du Roy«, lebte vornehmlich in Rom.

238. LANDSCHAFT MIT JUNO UND DEM GETÖTETEN ARGUS

Leinwand. 120 x 195 cm.
Erworben 1815 aus der Sammlung Giustiniani.
Kat.Nr. 463

Angeregt ist dieses Thema durch eine der vielen Affären des Jupiter, der sich hier in die Nymphe Jo verliebte. Seine Leidenschaft blieb der Gemahlin Juno jedoch nicht verborgen. Um das Mädchen vor deren zu Recht vermuteten Zorn zu ret-

Nr. 240

ten, verwandelte der Göttervater sie in eine weiße Kuh. Juno bestellte den hundertäugigen Argus als Wächter über das Rind. Merkur wurde daraufhin vom besorgten Jupiter zum Weideplatz der Herde geschickt, um Jo zu befreien. Verkleidet als Hirte, näherte er sich dem Argus, unterhielt diesen durch Erzählungen und Pansflötenspiel. Allmählich wurde so der eigentlich nimmermüde Wächter eingeschläfert. Merkur schlug ihm nun das Haupt vom Rumpf und verschwand in den Olymp. Juno kam traurig an den Ort des Geschehens und übertrug die vielen Augen des Argus auf die Schwanzfedern ihres Pfaues. Jo wurde von ihr zeitweilig mit Wahnsinn geschlagen, bevor sie auf Bitten Jupiters aus ihrer mißlichen Lage befreit, d.h. zurückverwandelt wurde. – Die links an einem Ufer sitzende Nymphe scheint Syrinx zu sein, darauf deutet das Schilf in ihrer Nähe. Es ist ein Märchen um die Entstehung der Schilfrohrflöte, das Hermes u. a. dem ahnungslosen Argus kurz vor dessen Ermordung erzählte. Syrinx, auf der Flucht vor Pan, läßt sich in Schilfrohr verwandeln. Der in Leidenschaft zu ihr entbrannte Waldgott schneidet aus dem Rohr unterschiedlich lange Pfeifen, um sie danach durch Wachs miteinander zu verbinden. So entstand die bekannte Pansflöte oder auch Syrinx genannt (Ovid, Metamorphosen I, 668–747).

239.   RINALDO UND ARMIDA
Leinwand. 116 x 146 cm.
1830 aus den Königlichen Schlössern zu Potsdam überwiesen.
Kat.Nr. 486
Der für das Christentum streitende Ritter Rinaldo zeichnete sich neben seinem Mut auch durch demütige Enthaltsamkeit von irdischen Genüssen aus. Die schöne Zauberin Armida, von Liebesverlangen bestimmt, entführt den schlafenden Ritter in ihr Reich. Aus den Liebesfesseln wird er schließlich von seinen Waffengefährten Carlo und Ubaldo befreit (Torquato Tasso »La Gerusalemme liberata« – Befreites Jerusalem – 1581, 14. Gesang, Strophe 68).

240.   SELBSTBILDNIS
Leinwand. 78 x 65 cm.
Erworben 1821 aus der Sammlung Solly.
Kat.Nr. 1488
Bezeichnet oben an der Tafel hinter dem Dargestellten: Nicolavs Poussinus Andelyensis Academicus Romanus Primus Pictor Ordinarius Ludovici Iusti Regis Galliae. Anno Domini 1649 Romae Aetatis Suae. 55.
Poussin lehnte grundsätzlich die Porträtmalerei ab. Offenbar war dem Klassizisten die durch biologische und motorische Ursachen bedingte Wandlungsfähigkeit des menschlichen Gesichtes uninteressant. Die Ausnahme bildete das für den Freund Chantelou auf dessen Wunsch gemalte Selbstporträt. Erste Erwähnung findet es bereits (als Plan) 1647 in einem Brief des Künstlers. Unser Porträt dürfte die erste Fassung gewesen sein, die ihm wahrscheinlich nicht so gefiel, daß sie dem Freunde zugemutet werden konnte. Er überließ das Bild einem anderen Interessenten namens Pointel. Es war bis zum 20. 6. 1649 fast vollendet, denn zu dieser Zeit verspricht er dem ungeduldig wartenden Chantelou ein neues Bild. Dieses ist 1650 fertiggestellt worden, es befindet sich heute im Louvre zu Paris (Nr. 7302).

Unser Gemälde zeigt den Maler auf ein Buch gestützt, das am Rücken die Aufschrift De Lumine et colore (Von Licht und Farbe) trägt. Soweit bekannt, hat sich Poussin niemals in einer größeren Publikation zu kunsttheoretischen Problemen geäußert, einzig verstreute Anmerkungen aus seinen Briefen sind bekannt.

RAEBURN, SIR HENRY
Schottische Schule. 1756 Stockbridge – 1823 Edinburgh. Seit 1778 in London. Bekanntschaft mit Reynolds. Zweijähriger Italienaufenthalt, 1782 Rückkehr nach Schottland, 1812 Präsident der Edinburgher Academy, 1822 von König Georg IV. geadelt und zum »Königlichen Hofmaler für Schottland« erhoben.

241. BILDNIS DES SIR JAMES MONTGOMERY BART. Lord Chief Baron of the Exchequer, Member of Parliament, Sollicitor General und Lord Advocate.
Leinwand. 225 x 150 cm.
Erworben 1908 aus dem englischen Kunsthandel.
Kat.Nr. 1670

RAVESTEIJN, JAN ANTHONISZ. VAN
Holländische Schule. 1572 – 1657 Haag. Einfluß von Michiel van Mierevelt und Jacob Delff d. Ä. Tätig in Delft und Den Haag.

242. BILDNIS EINES EDELMANNES
Leinwand. 108 x 96,5 cm.
Bezeichnet rechts oben: Ano 1607 A Ravesteyn. Fecit.
Erworben 1953 aus dem Kunsthandel, Erfurt.
Kat.Nr. 2190

RESCHI, PANDOLFO (RESCH)
Römische Schule. 1643 Danzig – 1699 Florenz. Ausgebildet bei Jacques Courtois gen. Bourguignon in Rom, beeinflußt von Salvator Rosa. Bereiste Norditalien. Ließ sich in Florenz endgültig nieder und war im Auftrag der großherzoglichen Familie Medici als Landschafter und Schlachtenmaler tätig.

243. REITERGEFECHT AM FUSSE EINER ZITADELLE
Leinwand. 113 x 158 cm.
Erworben 1955 aus Privatbesitz.
Kat.Nr. 2194 (Gegenstück zu Kat.Nr. 2195; früher Bourguignon)
Schlachtenbilder waren im 17. Jahrhundert ein selbständiges Genre. Häufiger als militärhistorisch konkrete Darstellungen bestimmter Ereignisse – u.U. mit korrekter Schlachtenordnung – findet man solche dekorativen Charakters. Dazu gehören beide Gegenstücke, wenngleich Kat.Nr. 2195 ein Gefecht zwischen Moslems und Christen wiedergibt. Die perfekte Beherrschung von Körperbewegungen und effektvolle Massenregie stehen im Vordergrund, die Landschaft bleibt unkonkrete Folie (zum Thema vgl. Nr. 244 und 87, 88).

244. REITERGEFECHT BEI EINER RECHTS LIEGENDEN ZITADELLE
Leinwand. 113 x 158 cm.
Erworben 1955 aus Privatbesitz.
Kat.Nr. 2195 (Gegenstück zu Kat.Nr. 2194; früher Bourguignon)

Nr. 247

RIGAUD, HYACINTHE

Französische Schule. 1659 Perpignan – 1743 Paris. Studien in Montpellier und Lyon, 1681 in Paris, Mitglied der Académie Royale, seit 1688 werden seine Porträts vom Hof bevorzugt. Er wechselte auf Anraten Lebruns endgültig vom Historien- zum Porträtfach. Gilt als der bedeutendste Bildnismaler des französischen Barock.

245.   BILDNIS DES BILDHAUERS DESJARDIN (1640–1694)
Leinwand. 135 x 103 cm.
Aus den Königlichen Schlössern 1829 überwiesen.
Kat.Nr. 460
Der Künstler stützt sich auf einen kolossalen Bronzekopf einer Sklavenfigur vom Monument Ludwigs XIV. auf der Place des Victoires zu Paris. Veränderte Replik nach einem Gemälde im Louvre (Nr. 7511).

RIGAUD HYACINTHE, ART

246.   BILDNIS EINES HERRN
Leinwand. 79 x 63 cm.
Erworben 1847.
Kat.Nr. B 201
Eine Miniatur (M 145) nach diesem Porträt befindet sich in der Berliner Gemälde- galerie.

RING, PIETER DE

Holländische Schule. 1615 – 1660 Leiden. Einfluß von Jan Davidsz. de Heem. Tä- tig in Leiden, dort 1648/49 Mitbegründer und Meister der Malergilde. Maler von Stilleben.

247.   VANITAS–STILLEBEN MIT MUSIKINSTRUMENTEN UND BÜCHERN
Leinwand. 104 x 80 cm.
Bezeichnet links: P. de Ring f. 1650.
Erworben 1829 aus Privatbesitz, Berlin.
Kat.Nr. 918
Alle Gegenstände, einschließlich des Liedtextes, kennzeichnen den Vanitas- (Ver- gänglichkeits-) Gedanken, wie er in holländischen Stilleben des 17. Jahrhunderts üblich ist. Die Leidener Stillebenmalerei bevorzugt Dinge der geistigen und mu- sischen Betätigung und weist so auf das Ambiente einer Universitätsstadt.

ROBERT, HUBERT

Französische Schule. 1733 Paris – 1808 ebd. 1754 Rom (Pensionär der französi- schen Kunstakademie). Studiert die Ruinenbilder Piranesis und besonders Panni- nis, 1765 Paris, 1775 Entwürfe zur Gartenumgestaltung für Versailles, 1785/87 kom- poniert er in der Provence antike Ruinenbilder, 1784 Mitglied der neuen Muse- umsverwaltung in Paris; er war ein phantasievoller Landschafts- und Ruinenschil- derer.

248.   RUINEN VON NÎMES
Leinwand. 117 x 174 cm.
Erworben 1936.
Kat.Nr. B 131

Nr. 248

Es handelt sich in erster Linie um eine malerische, weniger topographisch genaue Ansicht der bedeutendsten Reste antiker Baukunst nördlich der Alpen. Die südfranzösische Stadt Nîmes trug in römischer Zeit den Namen Nemausus. Links erkennt man die Reste des Amphitheaters, dem folgt nach rechts ein Pseudoperipteros (Tempel, dessen Säulen in die Cellawände zur Hälfte eingelassen sind, also einen Peripteros-Ringhallentempel andeuten). Dieser Bau wurde von einem Freund und Offizier des Kaisers Augustus, Agrippa (64/63 v. u. Z. – 12 u. Z.) zwischen 19 v. u. Z. und 12 v. u. Z. gestiftet. Im Volksmund wird der Tempel auch »la maison carrée« genannt. In der Bildtiefe ist ein Aquaedukt zu sehen, dessen Finanzierung wahrscheinlich ebenfalls auf Agrippa zurückzuführen ist. Es ist die heutige Pont du Gard, die Brücke über das Tal der Garonne. Etwas weiter rechts befindet sich ein Pharus (Leuchtturm), als Gegengewicht zum Tempel steht schließlich ganz rechts der Triumphbogen eines römischen Kaisers.

Nemausus war auch die Heimat des Antonius Pius (86–161 u. Z.), der am 25. 2. 138 u. Z. von Kaiser Hadrian adoptiert wurde. Die Stätte wird von Figuren im antiken Kostüm bevölkert. Ein merkwürdiger Anachronismus, bedenkt man den gewaltigen zeitlichen Abstand, welchen altes römisches Leben zu den dargestellten zerstörten Architekturen hat. Die meisten von H. Roberts Ruinenbilder werden in die Zeit zwischen 1783 bis 1789 datiert (vgl. dazu Nr. 228).

Nr. 249

140

ROBERTI, ERCOLE DE'
Ferraresische Schule. Vielleicht nach 1450–1496 Ferrara. Möglicherweise Schüler von Francesco Cossa, dessen Mitarbeiter er war. Daneben beeinflußt von Cosmè Tura, der paduanischen Schule und den Bellini. Vielseitig tätig in Ferrara, zwischen 1480 und 1486 vorwiegend in Bologna.

249. DER HEILIGE HIERONYMUS
Pappelholz. 128 x 43 cm.
Erworben 1904 aus der Sammlung Thiem.
Kat.Nr. 112 E
Die Darstellung des Heiligen als Kardinal ist seit dem 15. Jahrhundert üblich. Der Löwe deutet auf seine Einsiedlerzeit hin, das Buch auf sein Gelehrtentum und das Kirchenmodell in seiner Rechten auf die Begründung eines Mönchsklosters in Bethlehem.

RODE, CHRISTIAN BERNHARD
Deutsche Schule. 1725 Berlin – 1797 ebd. 1741 Schüler A. Pesnes, 1750/52 in Paris, Besuch Carlo van Loos, 1754/55 Italien – Rom, vornehmlich aber Venedig (Studien zu Tizian, Tintoretto und Pordenone), 1755/56 über Wien, Prag, Dresden nach Berlin, 1756 Mitglied der Berliner Akademie, 1783 (nach Lesuers Tod) Akademiedirektor. Sein einziger (?) Schüler war der Maler J.C. Frisch.

250. FRIEDRICH II. VOR DER SCHLACHT BEI TORGAU
Leinwand. 117,5 x 150 cm.
Rechts unten am Stein: B. Rode 1791
Erworben 1923 aus Privatbesitz.
Kat.Nr. 1911
Die hier interessierende Schlacht fand am 3. und 4.11.1760 statt. Sie war eine der berühmtesten des Siebenjährigen Krieges (1756–1763). Die Erfolgschancen der Preußen waren minimal. In Berlin stand das russische und österreichische Heer. Die Festung Torgau hatte österreichische Besatzung. Die Fortifikation war durch ihre Lage sowie als Nachschubdepot für Lebensmittel und Waffen eine wichtige Basis bei Operationen in Sachsen und diente so als Sprungbrett für den Aufmarsch in Schlesien. Friedrich – am Baum lehnend – hatte einen ausgeklügelten Plan parat. Selbst der schlafende Husarengeneral v. Ziethen erhielt erst unmittelbar vor Beginn der Kampfhandlungen seine Befehle. Die Darstellung vermittelt eine ruhige, nahezu idyllische Atmosphäre. Das Bild gehört zu einer um 1780 begonnenen Serie von 8 Gemälden. Heute sind außer dem hier besprochenen Bild die Kat.Nr. 1912, »Friedrich II. nach der Schlacht bei Torgau«, Schloß Charlottenburg, Westberlin, und »Friedrich des Großen Tod« (1786/87), Schloß Sanssouci, Potsdam, bekannt. Die Darstellungen weisen einen Hang zur volkstümlich genrehaften Friedrichverklärung auf. Die Figur des Königs ist nahezu enthistorisiert, er ist ganz der »Alte« geblieben, obwohl häufig Jahrzehnte zwischen den verschiedenen Ereignissen liegen (vgl. Nr. 251). Wir haben es hier mit bildkünstlerischen Erscheinungen zu tun, die u.a. gemeinsam mit Nicolais »Anekdoten von König Friedrich dem Zweiten« (seit 1789) gleich nach dem Tode Friedrichs II. (1786) damit begannen, ein mythisch-liebevolles Bild des Königs zu prägen, das ihn einseitig als volkstümliche Vaterfigur, z.T. bis hinein ins 20. Jahrhundert integrierte.

Nr. 250

Nr. 253

142

251. EINE EPISODE AUS DEM BAYERISCHEN ERBFOLGEKRIEG
Leinwand. 115 x 146 cm.
Erworben 1923 aus Privatbesitz.
Kat.Nr. 1912
Als 1777 der letzte Wittelsbacher starb, erhob Österreich Ansprüche auf Bayern.
1786 wurde endlich der sog. Vertrag von Wien unterzeichnet, der es den Habsburgern gestattete, Niederbayern und die Oberpfalz zu annektieren. Der Geschädigte war der Herzog von Pfalz-Zweibrücken. Friedrich II. duldete nicht den österreichischen Machtzuwachs. Er fiel in Böhmen ein. Dabei kam es zu keinen nennenswerten Gefechten, einzig kräftig fouragiert wurde. So ging dieses Ereignis auch als »Kartoffelkrieg« in die Geschichte ein.
   In der gleichen Weise wie Nr. 250 wird hier eine Anekdote behandelt, die Friedrich zusammen mit dem Feldscher zeigt, der im Begriff ist, einen Verbandswechsel vorzunehmen. In diesem Augenblick schlägt eine Kugel in unmittelbarer Nähe ein. Der Feldscher erschrickt. Darauf soll der König lächelnd bemerkt haben: »Der muß noch nicht viel Kanonenkugeln gesehen haben.«

252. DER MORGEN (Skizze zu einer Folge von drei Deckengemälden für das Neue Palais in Potsdam)
Leinwand. 37 x 62 cm.
Erworben 1923 als Geschenk.
Kat.Nr. 1915
Die blumenstreuende Aurora (Göttin der Morgenröte, Mutter der Windgötter und der Sterne) ist in Wolkenbetten gelagert. Umspielt wird sie von Putti sowie dem Zephyros (Westwind), die ihr beim Tageswerk spielerisch helfen. Links über der Aurora trägt ein Putto die Attribute Hymens (Gott der Ehe, Jungfräulichkeit), die Fackel und ein funkelndes kleines Diadem. Unten links bereitet man die Ausschüttung des morgendlichen Taus vor (Tränen der Aurora). Zwischen 1766 und 1768 führte Rode die Entwürfe in Öl auf Leinwand aus (Ovid, Metamorphosen II, 111–115).

ROGHMAN, ROELANT
Holländische Schule. 1627 – 1697 Amsterdam. Einfluß von H. Seghers und J. de Momper. Befreundet mit Rembrandt und G. van den Eeckhout. Tätig hauptsächlich in Amsterdam.

253. GEBIRGSLANDSCHAFT MIT EINEM BACH
Leinwand. 115 x 172 cm.
Bezeichnet rechts unten: R
Erworben 1867 im Kunsthandel, Stuttgart.
Kat.Nr. 807 A

254. BERGIGE LANDSCHAFT
Leinwand. 135 x 170 cm.
Bezeichnet unten links: Roelant Roghman
Erworben 1948 durch Überweisung.
Kat.Nr. 2226

MATTEIS, PAOLO DE

Neapolitanische Schule. 1662 Cilento – 1728 Neapel. Ausgebildet unter dem Einfluß des Luca Giordano, nachfolgend durch die klassische römische Malerei seiner Zeit. Neben Luca Giordano und Francesco Solimena wichtigster Vertreter des neapolitanischen Barock. Aufenthalte in Paris und Rom, tätig für namhafte Auftraggeber, u.a. Kaiser Joseph I. und Papst Benedikt VIII. als Freskant und Maler von Altar- und Staffeleibildern religiöser und weltlicher Thematik.

255. ZENOBIA DEMÜTIGT SICH VOR KAISER AURELIAN
Leinwand. 111 x 149 cm.
Erworben 1821 aus der Sammlung Solly.
Kat.Nr. 456 (vormals Romanelli)
Zenobia Septima Augusta, Fürstin von Palmyra, hatte das Reich ihres ermordeten Gatten 266 für unabhängig von Rom erklärt und gegen die Truppen des Kaisers Gallienus verteidigt. 272 wurde sie schließlich von Kaiser Aurelian besiegt und als Gefangene nach Rom gebracht.

ROMANINO, GIROLAMO

Schule von Brescia. 1484/87 – 1562 Brescia. Angeblich Schüler von Stefano Rizzi, beeinflußt von Moretto und den zeitgenössischen venezianischen Meistern. Tätig in Oberitalien als Freskant und Schöpfer von Tafelbildern; wegweisend vor allem in der Gestaltung weltlicher Themen.

256. SALOME MIT DEM HAUPT JOHANNES' DES TÄUFERS
Halbfigurenbild.
Pappelholz. 84 x 70 cm.
Erworben 1821 aus der Sammlung Solly.
Kat.Nr. 155
Zum Thema vgl. Nr. 7.
Im 16. und 17. Jahrhundert ist in Italien neben der Enthauptungsszene auch die Darstellung der Salome mit dem Haupt des Täufers auf einer Schüssel üblich.

ROMANINO ?

257. BILDNIS EINES MANNES
Kniestück.
Leinwand. 91 x 76 cm.
Erworben 1904 aus der Sammlung J. Simon.
Kat.Nr. S 3
Der Dargestellte war angeblich ein Bischof von Brescia. Auf dem Tisch ein Blatt mit der Aufschrift: AN. ETA. SVE XLIII (lat., seines Alters 43 Jahre).

ROOS, JOHANN HEINRICH

Deutsche Schule. 1631 Reipoltskirchen/Pfalz – 1685 Frankfurt/M. 1640 Übersiedlung der Familie Roos nach Amsterdam, seit 1647 dort Lehre bei Guilliam Dujardin, Cornelis de Bie und Barent Graat, es folgten Aufenthalte 1653 in Mainz, 1654 in St. Goar und 1659 in Heidelberg; 1664 pfälzischer Hofmaler, seit 1667 in Frankfurt/M. ansässig. J.H. Roos galt im 18. Jahrhundert als der »Raffael aller Viehmaler«.

Nr. 256

258. ITALIENISCHE LANDSCHAFT MIT VIEH
Leinwand. 125 x 196 cm.
Rechts am Steinblock: JH Roos. pinx. 1683
Aus den Königlichen Schlössern überwiesen.
Kat.Nr. 909

ROSA, SALVATOR
Neapolitanische Schule. 1615 Neapel – 1673 Rom. Mitarbeiter des Francesco Francanzano in Neapel. Möglicherweise Schüler von Giuseppe Ribera und von Aniello Falcone, die ihn stark beeinflußten. Seit 1637 ständig in Rom ansässig, 1640–1649 zwischenzeitlich in Florenz, wo er seinen literarischen Interessen nachging. Tätig als Radierer und Landschaftsmaler von schulbildendem Einfluß.

259. GEBIRGSLANDSCHAFT MIT LESENDEM EINSIEDLER
Leinwand. 121 x 102 cm.
Erworben 1908 aus englischem Privatbesitz.
Kat.Nr. 421 B

ROSSELLI, COSIMO
Florentinische Schule. 1439 – 1507 Florenz. Schüler und Gehilfe des Neri di Bicci, weitergebildet unter Benozzo Gozzoli. Beeinflußt von Verrocchio und Andrea del Castagno. Tätig vorwiegend in Florenz, 1481 in Rom.

260. DIE HEILIGE ANNA SELBDRITT UND VIER HEILIGE
Datiert unten in der Mitte: ANO.XPI.CCCCLXXI.I.D.
Pappelholz. 163 x 163 cm.
Erworben 1821 aus der Sammlung Solly.
Kat.Nr. 59 A
Das Andachtsbild der»Anna selbdritt« entwickelte sich im späten Mittelalter mit der zunehmenden Anerkennung des Dogmas der »unbefleckten Empfängnis« (vgl. Nr. 296). In Italien wird die ursprüngliche Komposition – Maria auf dem Schoß der Mutter Anna (Legenda aurea, S. 732 f.) – auch im 15. Jahrhundert beibehalten, wobei im Gegensatz zum Mittelalter reale Größenverhältnisse wiedergegeben werden. Die Einbindung in eine Sacra Conversazione ist ungewöhnlich.
Links neben der Gruppe die Heiligen Erzengel Michael (vgl. Nr. 127) und Katharina (vgl. Nr. 205), rechts die Heiligen Maria Magdalena (vgl. Nr. 176) und Franziskus (vgl. Nr. 276).
Maria Magdalena wird mit zahlreichen Episoden der Evangelien, vorwiegend der Passion, in Verbindung gebracht (vgl. Nr. 149). Die Salbbüchse als Attribut weist auf ihre Teilnahme an der Grablegung hin (Legenda aurea, S. 508–521). Auf der ersten Stufe vor dem Thron die lat. Inschrift: GLORISSIMA MULIERUM MATER DEI SALVE (Herrlichste der Frauen, Mutter Gottes, sei gegrüßt).

Nr. 259

ROTARI, PIETRO ANTONIO

Venezianische Schule. 1707 Verona – 1762 St. Petersburg. Ausgebildet bei Antonio Balestra in Venedig; Mitarbeiter des Francesco Trevisani in Rom. Während eines Aufenthaltes in Neapel stand er unter dem Einfluß von Francesco Solimena. Nachfolgend tätig in Verona, Wien, Dresden und seit 1756 als Hofmaler von Elisabeth II. von Rußland in Petersburg.

261. BILDNIS EINES MANNES IM ORIENTALISCHEN KOSTÜM
Pastell auf Papier. 46,5 x 35,5 cm.
Erworben 1970 aus Privatbesitz, Berlin.
Kat.Nr. 2246
Dem Kostüm entsprechend bedient sich der Dargestellte einer im Orient geläufigen Geste; sie drückt Verwunderung aus.

262. BILDNIS EINER DAME IM ORIENTALISCHEN KOSTÜM
Pastell. 46 x 34 cm.
Erworben 1986 aus Privatbesitz, Berlin.
Kat.Nr. 2275
Die Dargestellte trägt vermutlich ein Theaterkostüm. Die »Türkenmode« des 17./18. Jahrhunderts fand in Venedig häufig über das Theater Eingang in die bildende Kunst.

ROYMERSWAELE, MARINUS VAN

Südniederländische Schule. Maler von genrehaften Einzelfiguren und religiösen Themen. Um 1493 in Reymerswaele (Walcheren) – um 1567. Als Schüler des Glasmalers Simon von Daele in der Antwerpener Malergilde, danach in Middelburg in Zeeland tätig. Datierte Werke zwischen 1521 und 1560. Beeinflußt von Quentin Massys.

263. DER HEILIGE HIERONYMUS IN DER ZELLE
Halbfigur.
Holz. 94 x 91 cm.
Erworben 1821 aus der Sammlung Solly.
Kat.Nr. 574 B
Zum Heiligen vgl. Nr. 16. Der Typus des meditierenden Kirchenvaters in seiner Studierstube ist durch Dürer in der niederländischen Malerei angeregt worden. Hinweise auf das Memento mori und auf die Lehre von den Temperamenten – hier die Melancolia – verquicken das christliche Sujet mit humanistischem Ideengut und geben den genrehaften Bildern einen moralisierenden Ausdruck.

RUBENS, PETER PAUL

Flämische Schule. 1577 Siegen – 1640 Antwerpen. Schüler der Maler Tobias Verhaecht, Adam van Noort und Otto van Veen. Tätig in Italien, Antwerpen, zeitweilig auch in Madrid, Paris und London. Seit 1609 Hofmaler des Statthalters der Niederlande.

264. CHRISTUS ÜBERGIBT PETRUS DIE HIMMELSSCHLÜSSEL
Holz. 180 x 157 cm.
Erworben 1936.
Kat.Nr. B 116

Nr. 263

Nr. 264

Epitaphbild für das Grabmal des Malers Pieter Brueghel d.Ä. in Brüssel, Kapelle-
kerk, 1614 von Jan Brueghel bei Rubens in Auftrag gegeben.
Christus übergibt dem Apostel Petrus »des Himmelreichs Schlüssel«; gleichbe-
deutend mit der Gesetzesübergabe. Petrus (der Fels, auf dem Christus seine Kirche baut) ist somit Vorläufer des Papsttums. Neues Testament, Evangelium des
Matthäus 16, 19. – Hier auch offenbar huldigende Bezugnahme auf den Namen
Pieter Brueghel.

RUBENS, PETER PAUL, WERKSTATT

265. DAS CHRISTUSKIND MIT DEM JOHANNESKNABEN, EINEM ENGEL UND EINEM KLEINEN MÄDCHEN
Eichenholz. 95 x 125 cm.
Die Früchte von Frans Snyders (Flämische Schule, 1579–1657).
Aus den ehemals Königlichen Schlössern Berlin.
Kat.Nr. 779
Replik eines Bildes im Kunsthistorischen Museum, Wien. Das kleine Mädchen
symbolisiert Ecclesia, die Kirche.

RUYSDAEL, SALOMOM VAN
Holländische Schule. 1600/03 (?) Naarden – 1670 Haarlem. Einfluß von Esaias
van de Velde und Jan van Goyen. Tätig in Haarlem, dort 1623 in der Malergilde.
Vater des Malers Jac. Salomonsz. v. Ruysdael und Onkel des Jacob van Ruysdael.

266. STRASSE AN EINEM HOLLÄNDISCHEN KANAL
Leinwand. 95 x 170 cm.
Bezeichnet links unten: Ruijsdael 1636.
Erworben 1821 aus der Sammlung Solly.
Kat.Nr. 914

SACCHI, PIER FRANCESCO
Schule von Genua. Um 1485 Pavia – 1528 Genua. Schüler des Pantaleo Berenge-
rio. Beeinflußt von der lombardischen Malerschule und den Niederländern. Tätig zwischen 1512 und 1527 in Genua.

267. DIE HEILIGEN MARTIN, HIERONYMUS UND BENEDIKT
Pappelholz. 196 x 153 cm.
Erworben 1821 aus der Sammlung Solly.
Kat.Nr. 116
Zum hl. Hieronymus vgl. Nr. 16.
Der hl. Benedikt (um 480–547) lebte als Einsiedler; er schuf mit den »Benedikti-
nerregeln« die Grundlagen des Mönchtums in Westeuropa (J. de Voragine, Legenda aurea, S. 256 ff.). Links als Reiter in zeitgenössischer Tracht der hl. Martin (um
316/17–397), römischer Soldat, der nach seiner Taufe als Einsiedler lebte und 371
zum Bischof von Tours gewählt wurde. Hier ist er in einer Szene aus seiner Legende dargestellt: Christus erscheint Martin in der Gestalt eines Bettlers vor den To-
ren von Amiens – der Heilige teilt seinen Mantel mit ihm (J. de Voragine, Legenda aurea, S. 929 f.). Die kleine Szene im Hintergrund schildert eine Begebenheit
aus der Legende des hl. Hieronymus (J. de Voragine, Legenda aurea, S. 820 f.).

Nr. 270

SAFTLEVEN, HERMANN D. J.
Holländische Schule. 1609 Rotterdam (?) – 1685 Utrecht. Schüler des Jan van Goyen, vielleicht auch seines Bruders Cornelis. Tätig in Rotterdam und Utrecht.
268. BAUERNHOFSTILLEBEN MIT DEM VERLORENEN SOHN
Holz. 39,2 x 49,2 cm.
Bezeichnet links unten: HSL 163(8?)
Erworben 1967 aus Privatbesitz, Berlin.
Kat.Nr. 2240
Zum Inhalt vgl. Nr. 35.

SASSOFERRATO, GIOVANNI BATTISTA SALVI, GENANNT IL SASSOFERRATO
Römische Schule. 1609 Sassoferrato – 1685 Rom oder Florenz. Schüler seines Vaters Tarquinio. In Rom stark beeinflußt durch die Werke Raffaels, Annibale Carraccis und Domenichinos; letzterem folgte er möglicherweise für einige Zeit nach Neapel. Tätig als Schöpfer von Altarbildern und Porträts, vor allem aber von Madonnenbildern für die private Andacht in Rom, Perugia und Urbino.
269. DIE HEILIGE FAMILIE
Leinwand. 73 x 95 cm.
Aus den ehemals Königlichen Schlössern Berlin.
Kat.Nr. 485
Zum Thema vgl. Nr. 99.
Das Christuskind trägt rote Nelken in der Hand: Sie symbolisieren die reine Liebe und die Menschwerdung.

SAVERY, ROELANT
  Holländische Schule. 1576 Courtrai – 1639 Utrecht. Schüler seines Bruders Jacob
  und Einfluß von G. van Coninxloo. Tätig in Amsterdam, in Prag für Rudolf II.
  und Kaiser Mathias in Wien sowie in Utrecht.
270. DAS PARADIES
  Eichenholz. 78 x 135 cm.
  Bezeichnet rechts unten: ROELANDT SAVERY. FE 1626
  Aus den ehemals Königlichen Schlössern Berlin.
  Kat.Nr. 710
  Das Paradies hier nach der Schöpfungsgeschichte des Alten Testaments als Gar-
  ten Eden, Urwohnung des Menschen und der friedlich nebeneinander lebenden
  Tiere. Im Hintergrund Adam und Eva im Sündenfall.

SCHONGAUER, MARTIN, SCHULE
  Süddeutsche Schule. Um 1445 Kolmar – 1491 Breisach. Tätig in Kolmar.
271. FLÜGELALTAR
  Lindenholz. Mittelteil 136 x 77 cm; Flügel je 136 x 31 cm.
  Erworben 1821 aus der Sammlung Solly.
  Kat.Nr. 562
  Auf der Mitteltafel neben dem gekreuzigten Christus Maria und Johannes der
  Evangelist. Vor ihnen eine umfangreiche Stifterfamilie. Auf der linken Flügelin-
  nenseite ist der heilige Bonaventura, auf der rechten der heilige Bernhard von Sie-
  na dargestellt. Die linke Flügelaußenseite zeigt die heilige Apollonia, die rechte
  den heiligen Stephan (Flügel aufgesägt).

SCHULE VON PERUGIA, UM 1500
272. MARIA, DAS KIND VEREHREND, MIT DEM KLEINEN JOHANNES
  UND ZWEI ENGELN
  Tondo.
  Pappelholz. Dm 80 cm.
  Erworben 1829 durch Rumohr.
  Kat.Nr. 138
  Die Darbietung des Kindes durch einen Engel zur Anbetung ist ein Motiv, das ge-
  legentlich in der Schule des Pietro Perugino auftaucht. Der auf das Christkind
  hinweisende oder der anbetende Johannesknabe findet sich häufig auf Darstel-
  lungen mit der Madonna oder der heiligen Familie, manchmal mit dem symboli-
  schen Lamm Gottes (vgl. Nr. 3).

SCHULE VON PERUGIA, UM 1510
273. RELIQUIARIUM
  Pappelholz, oben halbrunder Abschluß. 43 x 23 cm.
  Erworben 1875 in Florenz.
  Kat.Nr. 132 A.
  Reliquiare sind Behältnisse unterschiedlicher Form zur Aufbewahrung der Reli-
  quien (Reste) von Heiligen. Hier liegen sie in Vertiefungen am Rand der bemal-
  ten Holztafel. Sie zeigt den Kirchenvater Augustinus in der Mandorla (mandel-

förmige Aureole) als Merkmal besonderer Auszeichnung, sowie die Heiligen Benedikt (vgl. Nr. 282), links, und Bernhard, rechts.

Bernhard von Clairvaux (1090–1153) ist Schöpfer der Zisterzienser–Regeln, die strenge Askese und schwere körperliche Arbeit verlangten (J. de Voragine, Legenda aurea, S. 658–672).

Augustinus (354–430) war der Verfasser wichtiger theologischer Schriften (u.a. »Über den Gottesstaat«, »Über die Dreieinigkeit«); sie beeinflußten über Jahrhunderte die Kirchenpolitik. Auf seinen Vorstellungen fußen die Regeln der Augustiner-Mönche (J. de Voragine, Legenda aurea, S. 685–708).

Augustinus war Bischof von Hippo und wird im entsprechenden Ornat, die beiden anderen Heiligen in der jeweils charakteristischen Ordenstracht gezeigt. Die Bücher weisen sie als Kirchenlehrer aus.

SCOREL, JAN VAN, SCHULE ODER WERKSTATT
Nordniederländische Schule. Maler von biblischer Historie und von Porträts. 1495 Scorel bei Alkmaar – 1562 Utrecht. 1511 Reise über Nürnberg, Kärnten nach Italien, 1521 Pilgerfahrt ins Heilige Land, danach in Rom im Dienst Papst Hadrians VI. Tätig in Haarlem 1527 – 30 und vorwiegend in Utrecht. Dort auch Amt des Kanonikers. Bedeutender Meister mit großer Werkstatt. Einfluß u.a. auf Maerten van Heemskerck.

274.   DIE TAUFE CHRISTI
Holz. 80 x 80 cm.
Erworben 1821 aus der Sammlung Solly.
Kat.Nr. II 153
Jesus von Nazareth (Christus) wird nach den Evangelienberichten (Matthäus 3, 13–17; Markus 1, 9–11; Lukas 3, 21 f.; Johannes 1, 29–34) von Johannes dem Täufer im Jordan getauft. Unser Bild schließt sich der seit dem 14. Jahrhundert üblichen ikonographischen Form an: Christus als erwachsener Mann, der Engel mit den Gewändern des Täuflings, Gottvater und Taube des heiligen Geistes, weitläufige Landschaft. Menschen am Ufer weisen gen Himmel, wo die Stimme des Herrn sich mit den Worten »Dies ist mein lieber Sohn, an dem ich Wohlgefallen habe« zu Jesus als Gottessohn bekennt.

Jan van Scorel hat das Thema erstmals 1528 gestaltet. Unser Bild, dessen Zuschreibung fraglich ist und bei einigen Forschern als von Jan Swart van Groningen gemalt gilt, ist sicher um 1550 entstanden und weicht von der Scorel-Komposition von 1528 erheblich ab.

SEGHERS, DANIEL
Flämische Schule. Maler von Blumenstilleben und Girlanden. 1590 – 1661 Antwerpen. Zunächst in Holland, dann Schüler des Jan Brueghel I. Tätig in Antwerpen, wo er 1614 Meister der Malergilde und Laienbruder des Jesuitenordens wurde. 1614 in Mechelen, 1625 in Rom. Tätig für den Hof im Haag und in Brandenburg (1645–1651). Häufig Zusammenarbeit mit anderen Malern.

Nr. 275

275. BLUMENGEWINDE um den Barockrahmen eines Steinreliefs
Leinwand. 129 x 95 cm.
Das Relief ist gemalt von Erasmus Quellinus (Flämische Schule 1607–1678).
Bezeichnet links unten: Daniel Seghers Soc tis JESU.
Aus den ehemals Königlichen Schlössern Berlin.
Kat.Nr. 978

Nr. 277

Florentinische Schule. 1441/42 – 1493 Florenz. Nachweisbar tätig seit 1473. Möglicherweise Schüler von Filippino Lippi, beeinflußt von Sandro Botticelli, Filippino Lippi und Domenico Ghirlandaio. Tätig als Schöpfer von Altartafeln, vor allem aber Möbelbildern in Florenz.

276. CHRISTUS AM KREUZ MIT DEM HL. HIERONYMUS, JOHANNES DEM TÄUFER, DEN HEILIGEN FRANZISKUS UND PAULUS
Auf der Predella: Die Bekehrung des Saulus; in den Nischen links der hl. Mauritius, rechts der hl. Augustin.
Pappelholz. 233 x 127 cm.
Erworben 1936 durch Überweisung.
Kat.Nr. 2144 (früher Ghirlandaio, Schule)
Zum hl. Hieronymus s. Nr. 16, zu Johannes dem Täufer Nr. 7. Der hl. Franziskus von Assisi (1182–1226), Gründer des Ordens der Franziskaner, betätigte sich als Wanderprediger und Missionar. Um sein Wirken ranken sich zahlreiche Legenden (J. de Voragine, Legenda aurea, S. 828-843). Die Darstellung zeigt ihn mit den Stigmata – den fünf Wundmalen Christi – die er 1224 in religiöser Ekstase empfangen hatte. Paulus, ursprünglich ein Verfolger der ersten Christen, wurde durch eine Erscheinung Christi bekehrt und missionierte in der Folge in Kleinasien und Griechenland. Er starb vermutlich während einer Christenverfolgung des Kaisers Nero um 66 u.Z. in Rom. Die Darstellung zeigt ihn mit dem Werkzeug seines Martyriums, dem Schwert (Apostelgeschichte 8, 1–3; 9, 1–20).

Die lateinische Inschrift im Buch bezieht sich auf ein Zitat in den Briefen des Paulus, weicht jedoch vom Text der Vulgata ab (Philipper 2, 8; in Luthers Übersetzung: »Erniedrigte sich selbst, und ward gehorsam bis zum Tode, ja zum Tode am Kreuz«).

XP̄S NOBIS /	VSQVE CRVCIS
FAT̄US BEDIENS	ADMORTE
EST	MORTEM
PO	AVTEM

Sienesische Arbeit um 1380.

277. MARIA MIT DEM KIND / DIE KRÖNUNG DER MARIA
Mitteltafel eines Altars.
Tempera Pappelholz. 137 x 60,5 cm.
Erworben 1913 als Geschenk aus Privatbesitz, Dresden.
Kat.Nr. 1710
Die Krönung der Maria gehört zum Programm ihrer Verherrlichung, das auf apokryphe Schriften und Legenden zurückgeht. Himmelfahrt und Krönung sind seine wichtigsten und am häufigsten dargestellten Ereignisse. Seit dem 13. Jahrhundert wird die Marienkrönung in der hier wiedergegebenen Form gezeigt: Die Gottesmutter sitzt zur Rechten Jesu auf dem Thron der Herrlichkeit – hier angedeutet durch die Cherubim, Engelwesen mit vier Flügeln, die Gottes Thron umschweben. Jesus selbst setzt ihr mit beiden Händen die Krone auf (J. de Voragine, Legenda aurea, S. 633).

SNAYERS, PEETER

Flämische Schule. Maler von Schlachten, Jagden und Landschaften, selten von Historien und Porträts. 1592 Antwerpen – nach 1666 Brüssel. Schüler des Sebastian Vrancx in Antwerpen. Meister der Malergilde 1613, später Hofmaler des Statthalters Erzherzog Albrecht, von 1634 bis 1641 der Infantin Isabella und des Kardinalinfanten Ferdinand. Tätig in Antwerpen und ab 1628 Brüssel. Lehrer des Frans van der Meulen.

278. WALDWEG MIT WANDERERN

Leinwand. 75 x 120 cm.

Bezeichnet rechts unten: Peeter Snayers. .c..i. pictor.

Erworben 1821 aus der Sammlung Solly.

Kat.Nr. 751

Das c.i. in der Signatur weist auf Snayers' Tätigkeit für den Kardinalinfanten hin.

SNYDERS, FRANS

Flämische Schule. Maler von Tieren, Jagdstücken und Stilleben. 1573 Antwerpen bis 1657 ebd. Schüler des Pieter Brueghel d.J. und des Hendrik van Balen in Antwerpen. Meister der dortigen Malergilde 1602, Reise nach Rom und Mailand 1608/1609. Seit 1609 in Antwerpen tätig, u.a. für Philipp IV. von Spanien und Erzherzog Leopold Wilhelm. Seit 1629 Meister der Romanistengilde. Häufig Zusammenarbeit mit Rubens, Jordaens, Janssens, van Dyck. Schüler waren Jan Fyt und Paul de Vos.

279. STILLEBEN MIT HUMMER UND OBSTSCHALE
Leinwand. 87 x 118 cm.
Bezeichnet rechts unten an der Tischplatte: F. Snyders. fecit.
Erworben 1904 aus der Sammlung Thiem, Berlin.
Kat.Nr. 774 C

SODOMA?, GIOVANNI ANTONIO BAZZI, GENANNT SODOMA

Sienesische Schule. 1477 Vercelli – 1549 Siena. Schüler von Giovanni Martino Spanzotti in Vercelli, beeinflußt von Luca Signorelli, Leonardo da Vinci und Raffael Santi. Reisen u.a. nach Mailand, Rom und Florenz. Als Freskant und Maler von Altarbildern vorwiegend in Siena tätig.

280. WUNDER AUS DER LEGENDE DER HEILIGEN KATHARINA VON SIENA
Leinwand. 94 x 96 cm.
Erworben 1928 aus dem Kunsthandel, Berlin.
Kat.Nr. 2051
Die heilige Katharina von Siena (1347–1380), Dominikanerin, propagierte die Ideale der mittelalterlichen Kirche. Sie trat für die Rückkehr des Papsttums von Avignon nach Rom ein. Hier wird die Fürbitte der Heiligen für einen enthaupteten Verbrecher dargestellt, dessen Seele von Engeln emporgetragen wird: Wegen der Teilnahme an einer Verschwörung gegen die Signoria von Siena wurde Niccolò di Tuldo aus Perugia zum Tode verurteilt. Nach anfänglichen Gotteslästerungen wurde er durch die heilige Katharina bewegt, die Kommunion zu empfangen (Schilderung des Vorgangs in einem Brief der Katharina von Siena an ihren Beichtvater Raimundus von Capua).

SOGGI, NICCOLO

Umbro-toskanische Schule. 1474/80 – 1552 Arezzo. Gehilfe Peruginos. Nach 1513 in Rom und Florenz, nach 1522 vorwiegend in Arezzo tätig.

281. HERKULES AM SCHEIDEWEGE
Möbelbild.
Pappelholz. 70 x 192 cm.
Erworben 1821 aus der Sammlung Solly.
Kat.Nr. I 216 (früher Florentinisch um 1500)
Sokrates hat die gleichnishafte Erzählung überliefert, Herkules habe in einer Einöde zwei Wege gesehen: Eine reich gekleidete Frau – die Wollust – weist ihm den ersten in einer schönen Landschaft; er verheißt Üppigkeit und Reichtum, führt aber zu einem bösen Ende (rechts). Die Tugend in schlichten Kleidern zeigt ihm

hingegen den steilen, dornenreichen Weg zum Ruhm (Xenophon, Denkwürdig-keiten II, 1, 21).
Die Tafel zierte möglicherweise einmal ein »lettuccio« (ital., Ruhebett). Zur Möbelmalerei vgl. Nr. 106.

LO SPAGNA, GIOVANNI DI PIETRO, GENANNT LO SPAGNA
Umbrische Schule. Um 1450 – 1528 Spoleto. Seine Herkunft nach war er Spanier. 1507 wird er erstmalig in Spoleto erwähnt. Er war vielleicht Schüler des Pietro Pe-rugino, der ihn nachhaltig beeinflußte, ebenso Pinturicchio und Raffael. Tätig in Perugia, Rom und Spoleto.

282. ANBETUNG DER KÖNIGE
Leinwand. 245 x 245 cm.
Erworben 1833 in Rom.
Kat.Nr. 150
Drei Weise aus dem Morgenland kommen – von der Erscheinung eines Sterns da-zu bewegt – , um das Christkind anzubeten und ihm Geschenke zu bringen (Evangelium des Matthäus 2, 1-11). In der Landschaft rechts im Hintergrund sieht man ihren Begleitzug. Das Bild wird bereichert durch Elemente, die auch bei Darstellungen der Geburt Christi eine Rolle spielen: Joseph, der sich wie ein Hir-te auf einen Stab stützt, lobpreisende und anbetende Engel, die Tiere im Stall.
Der gemalte Rahmen des Bildes ahmt skulptierte Grotesken und antikisieren-de Reliefs vor Goldmosaikgrund nach. Rechts und links oben in den Eckfeldern Sibyllen (weissagende Frauen, die in der christlichen Lehre den Propheten zuge-ordnet und mit messianischen Voraussagen in Verbindung gebracht werden). Im Eckfeld unten links der hl. Benedikt (vgl. Nr. 273). Im Eckfeld unten rechts die hl. Scholastika, seine Zwillingsschwester. Beide tragen die schwarze Kleidung des Be-nediktinerordens. Im Medaillon oben in der Mitte ein Zeichen für den Namen Je-su (Christus), gebildet aus den Buchstaben IHS, wobei hier das H nach oben als Zeichen des Kreuzes verlängert wird.
Unten in der Mitte im Medaillon das Wappen des Bestellers des Altars, des Ab-tes Ancajano Ancajani (1478–1503) aus Ferentillo.

SPILBERG, JOHANNES

Deutsche Schule. 1619 Düsseldorf – 1690 ebd. Erste Ausbildung in seiner Vaterstadt, 1640 Studienreise nach Amsterdam, Schüler des Govert Flinck (Mitarbeiter im Atelier Rembrandts), hier vorwiegend tätig. Hofmaler in Düsseldorf.

283. JAEL MIT HAMMER UND NAGEL
Leinwand. 77 x 68,5 cm.
Bezeichnet an der Brüstung unten: 1644 J. Spilberg.
Erworben 1924.
Kat.Nr. 1928
Jael gehört zu den heroischen Frauengestalten des Alten Testaments, die den Widersachern ihres israelitischen Volkes entscheidend und erfolgreich die Stirn boten. Jael war nach dem Buch der Richter 4, 17–24 bestimmt, nach einer Schlacht ihrer Landsleute mit den sie bis dahin unterdrückenden Kanaanitern den fliehenden feindlichen Feldhauptmann Sisera in ihrem Haus scheinbar zu verbergen. Sie bedeckte ihn und tötete ihn, indem sie ihm einen Nagel durch die Schläfen trieb. Die Thematik ist vornehmlich im Rembrandt-Kreis verbreitet. Widersprüchlich scheint der Aufzug des Mädchens, der eine betont festliche Note hat, angesichts des vergangenen blutigen Ereignisses. Sicher aber spielt der Gedanke des Triumphes über den vernichteten Feind die ausschlaggebende Rolle.

STALBEMT, ADRIAEN VAN

Flämische Schule. Maler von Landschaften mit mythologischer oder Genre-Staffage. 1580 Antwerpen – 1662 ebd. Beeinflußt von Jan Brueghel d.Ä. und Adam Elsheimer. Tätig in Middelburg 1585-1610; danach Antwerpen, Mitglied der Malergilde, 1617 deren Dekan. Reise nach London 1633. Tätig in Antwerpen u.a. für die Kunsthändler A. Goetkind und C. Immerzeel.

284. DAS SCHLOSS IM SEE
Eichenholz. 42,2 x 64,5 cm.
Erworben 1821 aus der Sammlung Solly.
Kat.Nr. 694

PAOLO DI STEFANO, GENANNT SCHIAVO

Florentinische Schule. 1397 Florenz – 1478 Pisa. Beeinflußt von Lorenzo Monaco, Masaccio und Ucello. Tätig in Florenz, Pisa, Pistoia und Castiglione d'Olana.

285. ZWEI FLÜGEL EINES ALTARS
Linker Flügel: Der heilige Hieronymus
Rechter Flügel: Der heilige Laurentius
Pappelholz. Je 98 x 38 cm.
Erworben 1821 aus der Sammlung Solly.
Kat.Nr. 1123 (2) (früher Lorenzo Monaco, Schule)
(Im 19. Jahrhundert irrtümlich mit Kat.Nr. 1123 (1) – Maestro del Bambino vispo – montiert. Die Flügel gehören jedoch zu einer »Verkündigung an Maria«, Kat.Nr. 1136, z.Zt. in Berlin-West.)
Zum heiligen Hieronymus vgl. Nr. 249.
Der heilige Laurentius, ein römischer Diakon, soll der Legende nach 258 während einer Christenverfolgung unter Kaiser Valerian den Martertod auf einem

Rost erlitten haben, weil er die Wertsachen der Kirche unter den Armen verteilte, statt sie dem Kaiser auszuliefern. Er ist hier – wie auch Hieronymus – in kirchlicher Amtstracht dargestellt, am Boden der attributive Rost. Die Heiligen tragen Bücher, die als Sinnbild der kirchlichen Lehre gelten. Laurentius hält in der linken Hand einen Palmzweig, der symbolisch den Sieg des Märtyrers über den Tod verdeutlicht (J. de Voragine, Legenda aurea, S. 609 ff.).

STOMER, MATTHÄUS
Niederländisch-italienische Schule. Historienmaler. Um 1600 Amersfoort? – nach 1650 vermutlich in Sizilien. Erste Erwähnung 1630 in Rom, danach tätig in Neapel und Palermo u.a. für Antonio Ruffo, Herzog von Messina. Nach neuer Kenntnis ist der Name eigentlich Matthias Stom. Einer der bedeutendsten Caravaggisten niederländischer Herkunft.

286. ESAU VERKAUFT SEIN ERSTGEBURTSRECHT
Leinwand. 136,5 x 172,5 cm.
Erworben 1821 aus der Sammlung Solly.
Kat.Nr. 434
Der hungrig von der Jagd zurückgekehrte Esau verkauft seinem jüngeren Bruder Jakob für ein Linsengericht sein Erstgeburtsrecht (Altes Testament, 1. Buch Mose 25, 29–34).

287. SARAH FÜHRT ABRAHAM DIE HAGAR ZU
Leinwand. 112,5 x 168 cm.
Erworben 1936.
Kat.Nr. 2146
Da die betagte Sarah ihrem Mann Abraham keinen Sohn geboren hatte, gab sie ihm ihre Magd Hagar zur Frau, damit er durch sie einen Erben erhalte (Altes Testament, 1. Buch Mose 16, 1–3; vgl. Nr. 102).

STROZZI, BERNARDO
Genuesische Schule. 1581 Genua – 1644 Venedig. Ausgebildet bei Cesare Corte und Pietro Sorri in Genua; zunächst von der frühbarocken Malerei des Caravaggio-Umkreises beeinflußt, später von den flämischen und venezianischen Meistern. Seit 1630 in Venedig ansässig. Tätig in Genua und Venedig.

288. DER HEILIGE PETRUS
Leinwand. 47 x 38 cm.
Alter Besitz.
Kat.Nr. 1495
Der heilige Petrus (zur Person vgl. Nr. 264, 307) wird gewöhnlich als Greis mit Stirnglatze und kurzem Bart dargestellt. Hier wurde die Mitte zwischen Modell und idealem Typus gehalten. In ähnlicher Weise wird von den genuesischen Malern auch der heilige Joseph dargestellt.

Nr. 287

JAN SWART VAN GRONINGEN
Niederländische Schule. 1520–1540 in Gouda tätig. Zeichner von Holzschnitten und Glasbildern. Geht auf späten Dürer zurück. Später eignet er sich Scorels italienischen Figurenstil an. War vermutlich selbst in Italien. Wenige Tafelbilder gelten als gesichert.

289.   DIE HOCHZEIT ZU KANA
Eichenholz. 84 x 73 cm.
Erworben 1924 aus Privatbesitz.
Kat.Nr. 1927
Auf einer Hochzeit in Kana, zu der Christus gemeinsam mit Maria und seinen Jüngern geladen worden war, war plötzlich der Wein zur Neige gegangen, Christus läßt durch den Speisemeister, den er segnet, Wasser in bereitstehende Steinkrüge füllen und verwandelt dieses in Wein. Die erste Wundertat Christi (Ev. Johannes 2) wird in palastartiger Renaissancearchitektur zeitgenössisch konkretisiert.

TEMPEL, ABRAHAM LAMBERTS JACOBSZ., GENANNT ABRAHAM VAN DEN TEMPEL
Holländische Schule. 1622/23 Leeuwarden – 1672 Amsterdam. Maler von Bildnissen, Historien und Allegorien. Schüler seines Vaters Lambert Jacobsz., des Joris van Schooten und vermutlich des Jacob A. Backer. Einfluß auch von Bartholomäus van der Helst. Tätig in Leiden und Amsterdam.

290. EIN EDELMANN UND SEINE GATTIN IM PARK VOR EINER
TERRASSE
Ganzfiguren.
Leinwand. 239 x 174 cm.
Aus den ehemals Königlichen Schlössern Berlin.
Kat.Nr. 858

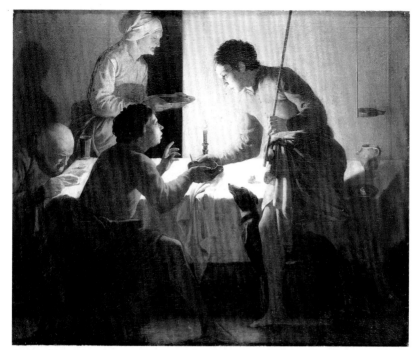

Nr. 291

TERBRUGGHEN, HENDRIK

Holländische Schule. 1588 Deventer – 1629 Utrecht. Maler von Historien und genrehaften Charakterstücken. Schüler des Abraham Bloemaert. Zwischen 1604 und 1614 Reise nach Italien, wo er von Caravaggio angeregt wurde. Tätig vornehmlich in Utrecht. Hauptmeister der sog. Utrechter Caravaggisten.

291. ESAU VERKAUFT SEIN ERSTGEBURTSRECHT
Leinwand. 94,8 x 116,3 cm.
Erworben 1926.
Kat.Nr. 1982 (vgl. Nr. 286)

THERBUSCH, ANNA DOROTHEA, GEB. LISIEWSKA

Deutsche Schule. 1721 Berlin – 1782 ebd. Schülerin ihres Vaters Georg, kopierte nach Pesne und Watteau, 1742 Heirat mit einem Berliner Gastwirt, 1761 am Hofe Karl Eugens in Stuttgart, 1763 in Mannheim beim Kurfürsten Carl Theodor, wird dort Hofmalerin, 1764 Rückkehr nach Berlin, 1765 Paris. Mitglied der Académie Royale, 1768 Mitglied der Wiener Akademie, 1768/69/70 Niederlande und Berlin. 1772 oder 1773 Witwe, ab 1773 gemeinsames Atelier mit ihrem Bruder Chr. Fr. Reinhold Lisiewski Unter den Linden. Hofmalerin Friedrichs des Großen.

292. SELBSTBILDNIS
Leinwand. 151 x 115 cm.
Erworben 1924 als Geschenk.
Kat.Nr. 1925

Nr. 292

Gilt als eines der bedeutendsten Künstlerbildnisse des 18. Jahrhunderts. Das Gemälde ist teilweise unvollendet, was den Einblick in die Technik der Farbgebung erlaubt. Bekanntlich soll die Künstlerin in ihrer Berliner Zeit nach 1773 gemeinsam mit ihrem Bruder Farbexperimente durchgeführt haben. In diesem Zusammenhang entwickelte sie einen roten Lack, der ihr als Untermalung diente und durch Weiß, im Sinne eines Inkarnats, erhöht werden konnte. Die meisten ihrer Porträts weisen einen gehörigen roten Farbanteil auf.

Ihr Selbstbildnis stammt aus der Zeit 1776/77, dem Höhepunkt ihres Schaffens.

293. BILDNIS DES CHRISTIAN ANDREAS COTHENIUS (1708–1789)
Leinwand. 133,5 x 104,5 cm.
Erworben 1958.
Kat.Nr. 2224
Cothenius stammte aus einer schwedischen Familie. Von 1728 bis 1732 studierte er in Halle Medizin. Seit 1751 ist er Leibarzt Friedrichs II. Auf Grund eines ähnlichen Kupferstiches von J.C. Krüger kann die Entstehungszeit um 1777 angenommen werden. Die graphische Härte der Gesichtszeichnung läßt an die partielle Autorenschaft des Bruders der A.D. Therbusch, Chr. Fr. Reinhold Lisiewsky, denken.

294. BILDNIS DES SAMMLERS JULIUS VIETH VON GOLSSENAU (1713–1784)
Leinwand. 141 x 97 cm.
Rechts unten: A D. Therbouche de Lisiewska peintre du Roy de France 1771
Erworben 1922.
Kat.Nr. 1902
Der Dargestellte ist der sächsische Geheime Kabinettssekretär und Zeremonienmeister sowie Meister vom Stuhl der Dresdener Freimaurerloge. Er galt als Freund der kurfürstlichen Gemäldegalerie. In seinem Haus am Dresdener Altmarkt verkehrten namhafte Persönlichkeiten des öffentlichen Lebens und der Kunst, so z.B. der sächsische Minister von Fritsch, die Maler Mányoki, Anton Graff und Daniel Chodowiecki. Er gab den ersten Katalog der Radierungen Chodowieckis heraus. Das rechts stehende Gemälde gilt als flämisch, in der Art des Jordaens. Die kleine Bronze auf dem Tisch ist als Arbeit des italienischen Renaissancekünstlers Bertoldo anerkannt. Den linken Arm lehnt er auf eine Rembrandtgraphik, daneben eine nicht näher bestimmbare Miniatur. Julius Vieth von Golßenau ist hier im Alter von 58 Jahren gemalt worden.

THÜRINGISCH

Thüringische Schule, Anfang 15. Jahrhundert.

295. AUFERSTEHUNGSALTAR
Tannenholz. Mittelteil 127 x 133 cm; linker Flügel 127 x 76 cm; rechter Flügel 127 x 41 cm.
Erworben vor 1922.
Kat.Nr. 2005
Die Mitteltafel zeigt den auferstandenen, gekrönten Christus als Gesetzesverkünder Gottvaters, der über ihm thront (J. de Voragine, Legenda aurea, S. 294–307; vgl. Nr. 116). Links steht Petrus, dessen Haupt eine Tiara bedeckt, die

ihn als Stellvertreter Christi auf Erden ausweist. Er gilt als der erste Papst. Rechts außen befindet sich Paulus, der ein aufgeschlagenes Buch trägt – die schriftlich fixierten christlichen Gesetze (tractatis legis).
Auf der linken Flügelinnenseite ist die Anbetung der Auferstehung Christi (Mitteltafel) dargestellt. Der heilige Geist, die vom Himmel herabstoßende weiße Taube, kommt dabei über die Apostel (Apostelgeschichte des Lukas 2, 1–4). Auf der rechten Flügelinnenseite sind Maria und die drei Magdalenen dargestellt. Diese religiösen Ereignisse werden durch Spruchbänder kommentiert. Die Flügelaußenseiten zeigen eine Verkündigung an Maria. Der Altar stammt aus der Liebfrauenkirche von Arnstadt.

TIEPOLO, GIOVANNI BATTISTA
Venezianische Schule. 1696 Venedig – 1770 Madrid. Schüler von Gregorio Lazzarini, beeinflußt durch Giovanni Battista Piazzetta und Sebastiano Ricci sowie auch durch die Werke von Paolo Veronese. Als Freskant, Maler von Tafelbildern und Radierer vielseitig und mit schulbildender Wirkung tätig in Venedig, 1750–1753 in Würzburg und seit 1762 in Madrid.

296. DIE UNBEFLECKTE EMPFÄNGNIS
Skizze für ein Deckengemälde
Leinwand. 78 x 41 cm.
Erworben 1936 durch Überweisung.
Kat.Nr. B 64
Unbefleckte Empfängnis – lat. immaculata conceptio – Dogma der Freiheit von Erbsünde (vgl. Adam und Eva, Nr. 124): Nach einer Jahrhunderte andauernden Diskussion verkündete Papst Pius IX. 1854, daß die Jungfrau Maria, Mutter Jesu, ihrerseits von Anna auf übernatürliche Weise empfangen und daher aus göttlicher Gnade vor Sünde bewahrt worden war. Durch die Geburt des Gottessohnes hatte sie teil an der Überwindung derselben. Die Symbole verweisen auf ihre Rolle in der Heilsgeschichte – Taube: Heiliger Geist; siebenarmiger Leuchter: Christliche Kirche als neuer Tempel, Maria als Personifizierung der Kirche; Schlange mit Apfel: Maria als neue Eva; Bundeslade: Maria, die das Gotteskind in sich trug; Lilie und fleckenloser Spiegel: Reinheit Marias; Teufel: Gegenspieler Gottes, der erst von Christus besiegt wird (J. de Voragine, Legenda aurea, S. 735 ff.).

TIEPOLO, GIOVANNI BATTISTA, KOPIE
297. KREUZTRAGUNG CHRISTI
Leinwand. 79,5 x 89 cm.
Erworben 1936 durch Überweisung.
Kat.Nr. B 65
Der zur Kreuzigung Verurteilte mußte sein Kreuz gewöhnlich selbst tragen, so auch Christus (Evangelium des Johannes 19, 17). Die Begleitung durch zwei Schächer, die gemeinsam mit ihm gekreuzigt wurden, wird in den Evangelien nicht berichtet, dies ist ein italienisches Motiv. Wie hier wird die Darstellung häufig mit der Veronika-Legende verknüpft (J. de Voragine, Legenda aurea, S. 291 f.); die Heilige lieh dem zusammenbrechenden Jesus ihr Tuch, um sich das Gesicht zu trocknen, und fand dann das unzerstörbare Abbild desselben darauf.

Nr. 298

Tiepolo, Giovanni Domenico
Venezianische Schule. 1727–1804 Venedig. Schüler und Mitarbeiter seines Vaters Giovanni Battista, der seinen Stil zunächst prägte. Nach dem Tod des Vaters lag der Schwerpunkt der Tätigkeit Giovanni Domenicos auf Genredarstellungen und auf der Graphik.

298. BILDNIS EINES MANNES IN ORIENTALISCHEM KOSTÜM
Brustbild.
Leinwand. 61 x 51 cm.
Erworben 1936 durch Überweisung.
Kat.Nr. B 67
Zum Thema vgl. Nr. 261 und 262.

299. THRONENDE MARIA MIT KIND, VIER DARSTELLUNGEN AUS DER LEIDENSGESCHICHTE CHRISTI

Mitte: Thronende Maria
Links: Christus auf der Leiter, zum Kreuz emporsteigend
Kreuzabnahme
Rechts: Christus am Kreuz mit Maria und Johannes
Trauer um den Leichnam Christi
Pappelholz. 77 x 65 cm.
Erworben 1829 in Florenz.
Kat.Nr. 1042
Das Bild zeigt im Madonnentyp und im ikonographischen Programm byzantinischen Einfluß. Die Maria ist als die »Erbarmende«, die sich dem Kind mitfühlend zuneigt, anzusehen. Die rahmenden Passionsszenen stellen Ereignisse dar, die dann im 15. Jahrhundert zu dem Thema »Die sieben Schmerzen der Maria« gehörten.

Zu den Passionsszenen siehe in den Evangelien: Matthäus 27, Markus 15, Lukas 23, Johannes 19. Die Kreuzbesteigung links oben ist in den Evangelien nicht erwähnt, es ist ein mittelbyzantinisches Motiv.

TROGER, PAUL

Deutsche Schule. 1698 Zell (Pustertal) – 1762 Wien. 1717–1730 Italien, 1728 Theatermaler in Wien, 1753 Rektor der Wiener Akademie. Neben D. Gran und R. Donner gilt er als glanzvollster Vertreter des österreichischen Kunst der 1. Hälfte des 18. Jahrhunderts.

300. HIMMELFAHRT MARIAE

Farbszizze für einen Altarentwurf?
Leinwand, oben geschweift. 79 x 43,5 cm.
Erworben 1918 als Geschenk.
Kat.Nr. 1848
Das Ereignis ist Bestandteil der Apokryphenliteratur (von der Kirche nicht dem Kanon unterworfene biblische Schriften). Dabei fallen der Tod Mariae und die gleichzeitige Aufnahme ihrer Seele in den Himmel zusammen. Dazu kommt die Legende der aus dem Grabe erweckten und wiederbeseelten Maria. Auf die letztgenannte Erscheinung stützt sich diese Darstellung (J. de Voragine, Legenda aurea, S. 630–658).

UCCELLO ?, PAOLO DI DONO, GENANNT UCCELLO

Florentinische Schule. Um 1397 Pratovecchia bei Arezzo – 1475 Florenz. Gehilfe Ghibertis. Tätig in Florenz, Padua und 1425–1430 in Venedig; Schöpfer von Fresken und Tafelbildern; daneben bestätigte er sich als Bildhauer und Mosaizist. Die Zentralperspektive findet in seinen reifen Werken demonstrativ Anwendung.

301. MARIA MIT DEM KIND

Pappelholz. 60 x 42 cm.
Erworben 1821 aus der Sammlung Solly.
Kat.Nr. 1470 (früher Schule von Padua)

Nr. 302

Nr. 302a

UYTEWAEL, JOACHIM ANTHONISZ.
Holländische Schule. Um 1566 – 1638 Utrecht. Maler von Historien, Genrestük-
ken und Porträts. Schüler seines Vaters und des Joost de Beer. Reisen nach Italien
und Frankreich. Tätig in Utrecht, 1592 Meister der Malergilde.

302. KÜCHENSTÜCK
Leinwand. 65 x 98 cm.
Bezeichnet am Mauerpfeiler rechts: W . TE . WAEL FECIT . AN . 1605
Erworben 1927 aus dem Kunsthandel, Berlin.
Kat.Nr. 2002
Im Hintergrund Darstellung des Gleichnisses vom Großen Gastmahl (Abendmahl). Ein Pharisäer lädt viele Gäste zu seinem Mahl, doch alle lassen sich ent-
schuldigen. Darauf schickt er seine Knechte auf die Straße und läßt Krüppel und
Bettler in sein Haus bitten. Nur einen unwürdigen Gast weist er ab (Szene im Tür-
ausblick). Jesus erläutert den Anwesenden, daß Gott die zur Seligkeit Auserwählten nicht nach Reichtum und äußerem Ansehen bestimmt. Am Tage des Jüngsten Gerichts bevorzugt er die Armen und Kranken, die sich seiner Gnade wert er-
weisen (Evangelium des Matthäus 22, 2–14; Lukas 14, 15–24).

302a. LOTH UND SEINE TÖCHTER
Eichenholz. 41,2 x 63,5 cm.
Bezeichnet an der Tischplatte rechts: J O (verschlungen) Wte Wael fecit
Erworben 1821 aus der Sammlung Solly
Kat.Nr. 659
Bevor Gott die Städte Sodom und Gomorrha mit Schwefel und Feuer vernichtet,
gebietet er Loth, mit Frau und Töchtern zu fliehen. Loths Frau mißachtet das Ge-
heiß, sich nicht nach der brennenden Stadt umzudrehen, und erstarrt zur Salz-
säule. In einer Berghöhle retten sich Loth und die Töchter, wo diese den Vater mit
Wein trunken machen, um sich unerkannt von ihm schwängern zu lassen. Die äl-
tere Tochter gebiert daraufhin Moab (Moabiter), die jüngere das Kind Ammi
(Kinder Ammon) 1. Mose 19, 30–35.
    Dieses biblische Thema wurde aus der zeitgemäßen Neigung für jede Art der
Erotik und der Nudität heraus gerade in der manieristischen Kunst häufig gestaltet.

VADDER, LODEWIJK DE
Flämische Schule. 1605 – 1655 Brüssel. Maler von Landschaften. Tätig in Brüssel,
1678 Meister der Malergilde.

303. HOHLWEG MIT BLICK IN EIN TAL
Leinwand. 123 x 110 cm.
Erworben 1926 aus dem Kunsthandel, Berlin.
Kat.Nr. 1967 (früher Jaques d'Arthois)

VALCKERT, WERNER VAN DEN
Holländische Schule. Um 1585 – nach 1627 Amsterdam. Maler von Gruppenbild-
nissen und Historien. Schüler des Hendrick Goltzius in Haarlem. Als Jüngling
unternahm er vermutlich eine Italienreise. Tätig in Amsterdam.

Nr. 303

304. VIER REGENTEN DER GROOT-KRAMERGILD
Halbfiguren.
Eichenholz. 130 x 185 cm.
Bezeichnet links unten auf einem Papier am Stuhl: 1622 Werner valckert Fe
Erworben 1923 durch Tausch von der Stadt Amsterdam.
Kat.Nr. 1909

VANNI, FRANCESCO
Sienesische Schule. 1563/65 – 1610 Siena. Schüler des Arcangelo Salimbeni, nach
1578 des Bartolomeo Passarotti in Bologna. Beeinflußt von Federico Barocci. Tätig in Siena, Bologna und Rom, u.a. für den Vatikan.

304a. HIMMELFAHRT MARIAE MIT DEN APOSTELN
Leinwand. 120 x 88 cm.
Erworben 1925 als Geschenk der Galerie Schäffer, Berlin
Kat.Nr. 1951
Die Jungfrau Maria starb angeblich im zweiundsiebzigsten Lebensjahr. Die mis-
sionierenden Apostel wurden aus aller Welt zusammengeführt, um sie im Tal Jo-
saphat zu bestatten; dabei standen Petrus, Paulus und Johannes im Mittelpunkt.
Wie Jesus soll Maria nach drei Tagen von den Toten auferstanden und zum Him-
mel aufgefahren sein, dem Grab entströmte Wohlgeruch. Verbunden wird hier
mit der Darstellung die Idee von der »unbefleckten Empfängnis« (vgl. Nr. 296),
Maria wird als jungfräulich, wörtlich genommen als junges Mädchen, dargestellt.
Im Hintergrund die »Gürtelspende« – sonst ebenfalls ein selbständiges ikonographisches Motiv – an den ungläubigen Apostel Thomas, der so einen Beleg für die
Himmelfahrt Mariae »mit Leib und Seele« erhält (vgl. Nr. 300).

VAROTARI ?, ALESSANDRO, GENANNT IL PADOVANINO

Venezianische Schule. 1588 Padua – 1648 Venedig. Schüler seines Vaters Dario, vermutlich auch des Damiano Mazza. Beeinflußt von Tizian und Paolo Veronese; seit 1614 in Venedig tätig. Neben kirchlichen behandelte er auch mythologische und allegorische Themen bei bewußter Anknüpfung an die Vorstellungen der Hochrenaissance.

305. MARIA MIT DEM KIND UND HEILIGEN
Leinwand. 151 x 203 cm.
Erworben 1821 aus der Sammlung Solly.
Kat.Nr. 1545
In der idyllisch aufgefaßten Darstellung der hl. Joseph links neben der Madonna, der Johannesknabe mit dem Lamm und die hl. Katharina von Alexandrien, in der Legende häufig als »Braut Christi« bezeichnet (J. de Voragine, Legenda aurea, S. 998, vgl. Nr. 328).

306. DIE EHEBRECHERIN VOR CHRISTUS
Leinwand. 174 x 234 cm.
Erworben 1977 aus Privatbesitz, Leipzig.
Kat.Nr. 2255
Nach dem Evangelium des Johannes 8, 3–11, wurde Jesus unter Berufung auf das Gesetz Mose aufgefordert, die Steinigung einer Ehebrecherin gutzuheißen. Er appellierte an die Toleranz der Ankläger mit der Bemerkung: »Wer von euch ohne Sünde ist, werfe den ersten Stein auf sie (7)«. Das Motiv war im 16. und 17. Jahrhundert außerordentlich verbreitet, es sprach vermutlich allgemein die Vorstellung von Weitherzigkeit an.

VASARI, GIORGIO

Florentinische Schule. 1511 Arezzo - 1574 Florenz. Ausbildung bei Guglielmo di Pietro de Marcillat. In Florenz beeinflußt von Andrea del Sarto und Baccio Bandinelli. Eingehendes Studium der Meister der Hochrenaissance. Tätig in Florenz, Rom sowie zahlreichen anderen Städten; er wirkte als Baumeister, Maler und Kunstschriftsteller.

307. DIE APOSTEL PETRUS UND JOHANNES SEGNEND
Leinwand. 186 x 136 cm.
Aus den ehemals Königlichen Schlössern Berlin.
Kat.Nr. 334
Der Apostelfürst Petrus und Johannes (vgl. Nr. 38) gehörten zu den ersten Jüngern, die die Lehre des Jesus von Nazareth verbreiteten. Die Taube in der Gloriole ist ein Hinweis auf ihre Befähigung zu diesem Auftrag durch den heiligen Geist (Apostelgeschichte 1, 5; 2, 1–4). Die dargestellte Szene bezieht sich wahrscheinlich auf ihr erstes Auftreten in der Öffentlichkeit (Apostelgeschichte 3, 1–10).

Nr. 309

308. BILDNIS DES GIOVANNI DE' MEDICI
Kniestück.
Pappelholz. 133 x 95 cm.
Erworben 1936 durch Überweisung.
Kat.Nr. B 83 (früher Bronzino)
Giovanni di Cosimo I. (1543–1562) war der dritte Sohn des Großherzogs der Toskana und der Eleonora da Toledo. Bereits vor 1550 war er für ein Kirchenamt vorgesehen; er war Kardinal und Vorsteher der Diözese von Pisa. Er starb früh, nahezu gleichzeitig mit der Mutter und dem Bruder Garzia.

DELLA VECCHIA, PIETRO MUTTONI, GENANNT DELLA VECCHIA
Venezianische Schule. 1603 – 1678 Venedig. Schüler des Alessandro Varotari, beeinflußt von Carlo Saraceni, Niccolò Renieri sowie Bernardo Strozzi. Seine barocke Interpretation von Bildmotiven des frühen 16. Jahrhunderts aus dem Umkreis Giorgiones ist charakteristisch für zahlreiche Werke.

309. DAS KONZERT
Halbfigurenbild.
Leinwand. 112 x 102 cm.
Erworben 1821 aus der Sammlung Solly.
Kat.Nr. 1260
Als ein weltliches Motiv gewinnt die Musikdarstellung in der Renaissance Eigenwert. Vorwiegend im venezianischen Einflußbereich nimmt sie rein genrehafte Züge an.

310. JUNGER MANN MIT MÄDCHEN
Leinwand. 71 x 57 cm.
Erworben 1841/42 in Italien.
Kat.Nr. 445 A

VELÁZQUEZ, DIEGO RODRIGUEZ DE SILVA Y VELÁZQUEZ, KOPIE
Spanische Schule. 1599 Sevilla – 1666 Madrid. Schüler von Francisco Herrera d.Ä. und Francisco Pacheco; beeinflußt durch die Werke Caravaggios und der venezianischen Meister. Tätig in Sevilla und Madrid, seit 1623 als Hofmaler Philipps IV. 1629–31 und 1649–51 Reisen nach Italien.

311. BILDNIS PHILIPPS IV., KÖNIG VON SPANIEN, IM JAGDANZUG
Leinwand. 203 x 123 cm.
Erworben 1874 aus der Sammlung Suermondt, Aachen.
Kat.Nr. 413 B
Philipp IV. (1605–1665), Sohn Philipps III., regierte seit 1621. Während seiner Herrschaft gewann die Republik der Niederlande 1648 ihre Unabhängigkeit. Die Macht Spaniens, bereits unter seinem Vater geschwächt, sank damit weiter. – Die Jagd war Privileg des Adels; der Staats- und der Kriegskunst ebenbürtig geachtet, belegt sie als standesgemäße Betätigung den Anspruch auf Herrschaft auch über die Natur.

312. BILDNIS DER INFANTIN DOÑA MARIA ANNA
Leinwand. 200 x 106 cm.
Erworben 1874 aus der Sammlung Suermondt, Aachen.
Kat.Nr. 413 C
Maria Anna (1606–1646) war die Tochter von Philipp III. von Spanien und der Königin Margarita, Schwester von Philipp V. 1631 wurde sie dem ungarischen König Ferdinand III. vermählt. – Das Bildnis gehört zu den typischen Staatsporträts; nach einer Skizze in Madrid, Prado, wurden mehrere Fassungen ausgeführt.

Venezianisch um 1560

313. BILDNIS EINES MANNES
Halbfigur.
Leinwand. 86 x 87 cm.
Erworben 1841/42 in Italien.
Kat.Nr. 156
Das antike Relief im Hintergrund weist auf den Beruf oder die Ambitionen des Dargestellten hin.

Verendael, Nicolaes van

Flämische Schule. 1640 – 1691 Antwerpen. Maler von Blumen- und Früchtegirlanden um barocke Grisaillen in häufiger Zusammenarbeit mit anderen Künstlern. Schüler seines Vaters Willem Verendael und Nachfolger des Daniel Seghers. Tätig in Antwerpen, 1677 Mitglied der Malergilde.

314. BLUMENGEWINDE UM DEN BAROCKRAHMEN EINES STEINRELIEFS
Leinwand. 87 x 65 cm.
Das Relief ist gemalt von Erasmus Quellinus (Flämische Schule, 1607–1678).
Bezeichnet unten am Postament des Reliefs: Nic. V. Verendael 1670.
Erworben 1846 aus Privatbesitz, München.
Kat.Nr. 977 A

Verhaert, Dirck

Holländische Schule. Tätig 1631 – nach 1664. Maler von Landschaften. Tätig im Haag, in Leiden und vorwiegend in Haarlem.

315. LANDSCHAFT MIT RUINEN
Holz. 46,8 x 64,7 cm.
Bezeichnet in der Mitte unten: F DvH
Erworben 1963.
Kat.Nr. 2208 (früher Daniel van Heil)
Die Ansicht ist als eine der im 17. Jahrhundert beliebten freien Variationen des Forum Romanum zu sehen.

Nr. 315

VERMEYEN, JAN CORNELISZ.
Niederländische Schule. 1500 Beverwyck – 1559 Brüssel. Habsburgischer Hofmaler in der Gefolgschaft des Barent van Orley. Als Historiograph Karls V. begleitete der diesen auf dem Zug nach Tunis 1535.

316.   BILDNIS DES ANTWERPENER KAUFMANNS
HIERONYMUS TUCHER. + 1540
Halbfigur.
Eichenholz. 61 x 46 cm.
Erworben vor 1820 in Nürnberg.
Kat.Nr. 632

VERONESE, PAOLO CALIARI, GENANNT VERONESE
Venezianische Schule. 1528 Verona – 1588 Venedig. Schüler von Antonio Badier, beeinflußt von Giulio Romano, Parmigianino sowie auch Moretto. Seit 1553 in Venedig ansässig, wo er als einer der führenden Meister zahlreiche umfängliche Werke für die namhaftesten Auftraggeber ausführte.

317.   SCHWEBENDE GENIEN
Leinwand. Je 54 x 123 cm.
Erworben 1842 in Brescia aus der Sammlung Lecchi.
Kat.Nr. 327 – 330
Die Seitenfelder einer Deckendekoration stammen aus dem Palazzo Pisani in Venedig; das Mittelfeld gehört zu den Kriegsverlusten. Die Gegenstände in den Händen der geflügelten Genien nahmen Bezug auf die dort dargestellten Götter

Jupiter, Juno, Cybele und Neptun. Rigorose perspektivische Verkürzungen sind durch die ursprüngliche Sicht des Betrachters zu erklären.

VICTORS, JAN
Holländische Schule. 1620 Amsterdam – 1676 Ostindien. Maler von Historien. Um 1640 Schüler und Nachahmer Rembrandts, später Einfluß von Govert Flinck und Ferdinand Bol. Tätig in Amsterdam, dort seit 1642 nachweisbar.

318. HANNA ÜBERGIBT IHREN SOHN SAMUEL DEM PRIESTER ELI
Leinwand. 135 x 133 cm.
Bezeichnet rechts unten: Jan. Victor. fe. 1645
Erworben 1861.
Kat.Nr. 826 A
Hanna hatte vor der Geburt ihres von Gott erbetenen Sohnes Samuel gelobt, das Kind, sobald es entwöhnt sei, dem Priester und damit Gott auf ewig zu übergeben. Samuel wurde ein Prophet und salbte Saul und David zu Königen (Altes Testament, 1. Samuelis 1, 11–28).

VINCKEBOONS, DAVID
Flämisch-holländische Schule. 1578 Mechen – 1629/33 Amsterdam. Landschaftsmaler in der Nachfolge Brueghels. Schüler seines Vaters Philipp Vinckeboons. Emigrierte 1591 von Flandern nach Holland. Tätig hauptsächlich in Amsterdam.

319. WALDIGE LANDSCHFT MIT JÄGER UND FUHRWERK
Holz. 67,5 x 104,5 cm.
Erworben 1958 aus dem Kunsthandel.
Kat.Nr. 2198

DE VRIES ?, HANS VREDEMAN
Holländisch-flämische Schule. 1527 Leeuwarden – nach 1604. Tätig als Architekturmaler und -theoretiker, Festungsbaumeister und Dekorateur u.a. in Mechen, Antwerpen, Lüttich und Prag; zahlreiche weitere Reisen, so nach Deutschland.

320. ARCHITEKTUR-PHANTASIE
Leinwand. 125,5 x 188 cm.
Datiert oben links in der Kartusche: 1602
Alter Besitz.
Kat.Nr. 1605
Zwei Jahre vor dem theoretischen Werk »Perspektiva«, Haag 1604/05 entstanden, belegt das Stück demonstrativ die exakte Raumdarstellung mittels der Zentralperspektive. In die phantastische Renaissance-Architektur wurden (von anderer Hand?) zur Verdeutlichung der Tiefe Staffagefiguren gesetzt, die die alttestamentliche Erzählung von David und Bathseba illustrieren (2. Samuelis 11, 2–4).

VROOM, HENDRIK CORNELISZ.
Holländische Schule. 1566–1640 Haarlem. Schüler seines Vaters Cornelis Vroom. Fayencemaler, Entwerfer von Bildteppichen und Marinemaler. Tätig in zahlreichen Städten der Niederlande und des Auslandes, u.a. in Danzig und Hamburg. Seit 1590 vorwiegend in Haarlem. Gilt als »Vater der holländischen Marinemalerei«.

321. HOLLÄNDISCHE SCHIFFE VOR DER DÄNISCHEN KÜSTE
Leinwand. 101 x 180 cm.
Bezeichnet in der Flagge des Pinaß-Schiffes: VROOM 161 (2?)
Erworben 1969 aus Privatbesitz, Gotha
Kat.Nr. 2245
Die Darstellung ist den sogenannten Ereignisbildern zuzurechnen; sie zeigt die Durchfahrt Amsterdamer Schiffe – erkennbar am Wappen der Stadt im Heck des großen Seglers – durch den dänischen Sund. Im Hintergrund, topographisch ungenau wiedergegeben, das Schloß Kronborg bei Kopenhagen, links die Stadt Helsingborg, rechts Helsingör.

WEENIX, JAN
Holländische Schule. Um 1640 – 1719 Amsterdam. Maler von Stilleben, Bildnissen und italianisierenden Landschaften. Schüler seines Vaters Jan Baptist und wahrscheinlich auch des (Gijsbert?) d'Hondecoeter. Tätig in Utrecht und hauptsächlich in Amsterdam. 1702–1712 in Düsseldorf für Johann Wilhelm von der Pfalz.

322. STILLEBEN MIT TOTEM HASEN UND VÖGELN
Leinwand. 110 x 94,3 cm.
Erworben 1887.
Kat.Nr. 919 B

WEENIX, JAN BAPTIST
Holländische Schule. 1621 Amsterdam – 1663 Deutecum. Maler von Stilleben, Genre und Landschaften. Schüler des Jan Micker, des Abraham Bloemaert und des Claes Moeyaert. Von 1642–1646 in Rom für den Kardinal Giovanni Battista Pamfili beschäftigt. 1647 in Amsterdam und 1649 in Utrecht.

323. JAGDSTILLEBEN IN EINER LANDSCHAFT
Leinwand. 128 x 145 cm.
Bezeichnet rechts unten: Giov. Batta. Weenix
Aus den ehemals Königlichen Schlössern Berlin.
Kat.Nr. 1743

324. GROTTE MIT RUINEN
Leinwand. 79 x 92 cm.
Die Figuren von Dirck Stoop (Holländische Schule, um 1618 – nach 1681).
Bezeichnet links auf dem Podest mit den Putten: D. Stoop f.
Bezeichnet in der Mitte auf dem an der Erde liegenden Stein: J. B. Weenix
Erworben 1916 aus der Sammlung Freund, Berlin.
Kat.Nr. 1751

WEITSCH, FRIEDRICH GEORG
Deutsche Schule. 1758 Braunschweig – 1828 Berlin. Schüler des Vaters J. Friedrich gen. Pascha und W. Tischbeins in Kassel. 1783/84 in Düsseldorf Studien nach P. Potter und Ph. Roos (Rosa da Tivoli); 1784/87 Amsterdam und Italien; 1787 Hofmaler in Braunschweig; 1794 Mitglied der Berliner Akademie; 1799 Direktor der Berliner Akademie und preußischer Hofmaler (1797).

325. HERRENBILDNIS
Leinwand. 87,5 x 70 cm.
Bezeichnet unten rechts: F. G. Weitsch fecit Berlin 1799
Erworben 1935.
Kat.Nr. 2098

Westfälische Schule. Um 1350.

326. ANTEPENDIUM
Eichenholz. 83,5 x 320 cm.
Erworben 1862 aus St. Georg, Soest (Wiesenkirche).
Kat.Nr. 1519
Im Zentrum der Darstellung Christus als Gesetzesgebieter. Um ihn die Symbole der Evangelisten Matthäus (Engel), Johannes (Adler), Markus (Löwe) und Lukas (Stier). Zu seiner linken Seite unter gemaltem Maßwerkbogen Maria, Johannes der Evangelist, Magdalena und Patroklus. Zu seiner rechten Seite Johannes der Täufer, Jacobus und Apostel Simon, Katharina und Bischof Augustinus (?). Zu Füßen Marias und Johannes' des Täufers die Stifter.

WESTFÄLISCH
Westfälische Schule. 14. Jahrhundert.

327. MARIA ALS THRON SALOMONIS
Auf Leinwand übertragen. 110 x 208 cm (links beschnitten).
Erworben 1842.
Kat.Nr. 1844
Symbolische Darstellung der Verherrlichung Marias und der Menschwerdung Jesu (Lukas 1, 32). Maria auf dem Thron Salomonis ist eine intellektuelle Konstruktion der Kirchenlehrer, die vor allem im 13. Jahrhundert durch Hymnen weite Verbreitung fand. Maria als apokalyptisches Weib. Der Thron ein Symbol der Himmelskönigin, ihrer Liebe und Keuschheit. Die sechs Stufen bedeuten die sechs Stände der Seligen. Zugleich sind es die Stufen, auf denen Christus, der wahre Sohn Salomon, zum Throne Salomonis, d.h. in Maria, emporstieg, um im Schoß der Mutter menschliche Gestalt anzunehmen und aus ihm wie aus einer Kammer hervorzugehen. Dies versinnbildlicht der Sarkophag zu Füßen Marias, die Leiche darin ist Christus, der Tod und Welt beherrscht? Die Propheten Virgil (links) und Albumasar (rechts) nebst den Sibyllen sind Vertreter der Weissagungen von der Menschwerdung des Gottessohnes, die zwölf Löwen stehen für die Apostel als Zeugen des Lebens Jesu. In den oberen fünf gemalten Feldern stehen Kirchenlehrer, unter ihnen personifizieren fünf weibliche Gestalten Tugenden.
Herkunft aus dem Nonnenkloster Wormeln bei Paderborn.

WILLEBOIRTS, THOMAS
Flämische Schule. 1613/14 Bergen-op-Zoom – 1654 Antwerpen. Maler von Historien und Allegorien. Schüler von Gerard Seghers 1628. Einfluß von Rubens und van Dyck. Meister der Malergilde von Antwerpen 1637, deren Dekan 1649. Reisen nach Italien, Spanien, Deutschland. 1641–1647 Berufung nach Holland durch den Statthalter Frederik Hendrik von Oranien, für den er einen Zyklus griechischer Mythologien schuf.

328. DIE VERMÄHLUNG DER HEILIGEN KATHARINA
Leinwand. 167 x 153 cm.
Bezeichnet links auf dem Säulenfuß: T. WILLEBOIRTS F. 1647.
Aus den ehemals Königlichen Schlössern Berlin.
Kat.Nr. 1002
Nach der Legende soll der hl. Katharina von Alexandrien, Königstochter von Zypern, im Traum das Jesuskind erschienen sein und ihr einen Verlobungsring angesteckt haben. Unter Kaiser Maxentius starb sie den Martertod. Krone, Märtyrerpalme, Rad und Schwert sind hier ihre Attribute (vgl. Nr. 205 u. 305).

WILSON, RICHARD
Englische Schule. 1714 Penegoes – 1782 Wales. 1749–1755 Italien, Einfluß von Zuccarelli und J. Vernet, Guardi, Tiepolo und Canaletto. Daneben bildete er sich an den Werken C. Lorrains, Gaspard Poussins (Dughet) und Salvator Rosas. Seit 1769 Mitglied, 1776 Bibliothekar der Royal Academy, Freundschaft mit J. Reynolds.

329. LANDSCHAFT MIT FLUSSTAL
Leinwand. 133 x 209 cm.
Erworben 1905.
Kat.Nr. 1646 A

WONSAM, ANTON
Niederrheinische Schule (Worms). In Worms geboren – 1541 Köln. Tätig in Köln.

330. DAS JÜNGSTE GERICHT
Eichenholz. 86 x 84 cm.
Erworben 1821 aus der Sammlung Solly.
Kat.Nr. 1242
Christus thront als Richter in den Wolken. Neben ihm Maria und Johannes der Täufer. Links vor einer Nische steht der heilige Severin, rechts Johannes der Täufer. Vor ihnen kniende Geistliche (Stifter). Engel blasen die Posaunen des Jüngsten Gerichts. Die Lebenden und die Toten werden entsprechend ihrem Lebenswandel entweder dem Paradies (linke Bildhälfte) oder der Hölle (rechte Bildhälfte) überantwortet (Matthäus 24, 29–31; Jesaja 49, 2; vgl. Nr. 30 u. 78).

WOUWERMAN(S), PHILIPS
Holländische Schule. 1619 – 1668 Haarlem. Maler von Landschaften mit Jagd- und Reiterstaffage. Schüler des Frans Hals. Einfluß von Pieter van Laer. Aufenthalt in Hamburg. Tätig in Haarlem, dort 1640 in der Malergilde.

331. JAGDGESELLSCHAFT
Leinwand. 73,5 x 85 cm.
Bezeichnet links an einem Baumstumpf: PLS (ligiert) W.
Erworben 1954 aus dem Kunsthandel, Berlin.
Kat.Nr. 2191

Nr. 332

ZOPPO, MARCO DI ANTONIO DI RUGGERO

Ferraresische Schule. 1433 Cento – 1478 Venedig. Vermutlich Schüler des Cosimo Tura in Ferrara, seit 1454 in der Werkstatt des Francesco Squarcione in Padua. Beeinflußt von Andrea Mantegna und von Giovanni Bellini. Tätig seit 1461/62 in Bologna, nachfolgend in Venedig.

332.   MARIA MIT DEM KIND UND DEN HEILIGEN JOHANNES DER TÄUFER, FRANZISKUS, PAULUS UND HIERONYMUS
Pappelholz. 262 x 254 cm.
Bezeichnet auf einem Blättchen unten in der Mitte: MARCO ZOPPO DABO-LO/GNIA PINSIT MCCCCLXXI/IVENEXIA
Erworben 1821 aus der Sammlung Solly.
Kat.Nr. 1170
Zu den Heiligen vgl. Nr. 7, 16, 276.

BESTANDSKATALOGE
DER GEMÄLDEGALERIE

Irene Geismeier
Holländische und flämische Gemälde
des 17. Jahrhunderts
Bd. I. Berlin 1976 (z. Z. vergriffen)
160 Seiten. 265 Abbildungen. 14,– DM

Irene Geismeier und Bernd Burock
Miniaturen 16. – 19. Jahrhundert
Bd. II. Berlin 1986
128 Seiten. 113 Abbildungen, davon 23 mehrfarbig. 7,– DM

Rainer Michaelis
Deutsche Gemälde 14. – 18. Jahrhundert
Bd. III. Berlin 1989
144 Seiten. 174 Abbildungen. 15,– DM

DIE MUSEUMSINSEL ZU BERLIN

Von einem Autorenkollektiv der Staatlichen Museen
Mit Farbaufnahmen von Dietmar und Marga Riemann

2. Auflage
276 Seiten · 488 Abbildungen, davon 458 mehrfarbig
Format 24 cm x 32 cm · Leinen im Schuber 185,– DM
ISBN 3–362–00275–7 (Museumsinsel)

Inhalt:

Die historische Entwicklung der Berliner Museumsinsel ·
Ägyptisches Museum/Papyrussammlung · Vorderasiatisches
Museum · Antikensammlung mit Pergamonaltar ·
Islamisches Museum · Frühchristlich-byzantinische
Sammlung · Museum für Ur- und Frühgeschichte ·
Ostasiatische Sammlung · Skulpturensammlung ·
Gemäldegalerie · Nationalgalerie · Kupferstichkabinett ·
Münzkabinett · Museum für Volkskunde ·
Kunstgewerbemuseum

»Die Schätze der einzelnen Museen kommen aus der
Darstellung von Zusammenhängen zu gleichsam
komplexer geistig-optischer Wirkung … Es wird ein Erleb-
nis ermöglicht, das den Museumsbesuch nicht ersetzt,
aber vertieft, ausbaut, unvergeßlich macht … Die Pflicht
zur Information verbindet sich mit Schönheit und Reiz
der Gestaltung, mit den farbigen und Schwarz-weiß-
Abbildungen zu einer wirklichen Harmonie.«
Der Morgen, Berlin

HENSCHEL

FORSCHUNGEN UND BERICHTE 26

Herausgegeben von den Staatlichen Museen zu Berlin

360 Seiten · 260 Abbildungen, davon 22 mehrfarbig
Leinen 150,– DM · ISBN 3–362–00145–9 (Forschungen 26)

Aus dem Inhalt:

HENSCHEL

FORSCHUNGEN UND BERICHTE

27

Herausgegeben von den Staatlichen Museen zu Berlin

272 Seiten · 486 Abbildungen · Leinen 120,– DM
ISBN 3–362–00213–7 (Forschungen 27)

Aus dem Inhalt:

Die Keramik der archaischen Schichten Uruk/Eanna
XVI–V · Die Inschriften der assyrischen Könige auf Ziegeln
im Vorderasiatischen Museum zu Berlin · Technologische
Untersuchungen an einigen urartäischen Eisenobjekten
aus Toprakkale · Gorgoneionantefixe aus Süditalien · Das
Petrusrelief von Alaçam · Ein neuerworbenes Sarkophag-
fragment mit der Darstellung einer Wagenfahrt in der
Frühchristlich-byzantinischen Sammlung · Künstler,
Kenner und Sammler · Zur Restaurierung der Mosaiken
aus Belkis/Seleukeia am Euphrat

HENSCHEL

FORSCHUNGEN UND BERICHTE
28

Herausgegeben von den Staatlichen Museen zu Berlin

344 Seiten · 273 Abbildungen, davon 40 mehrfarbig
Leinen 150,– DM · ISBN 3-362-00277-3 (Forschungen 28)

Aus dem Inhalt:

Pflanzlicher Mumienschmuck und andere altägyptische Pflanzenreste im Ägyptischen Museum · Chirurgische Instrumente im Ägyptischen Museum · Bemerkungen zum hethitischen Regenfest · Gab es ein Museum in der Hauptburg Nebukadnezars II. in Babylon? · Nachvollzug von archäologischer Forschung – Zur Ausstellung »Ein Jahrhundert Forschungen zum Pergamonaltar« · Funde aus dem merowingerzeitlichen Gräberfeld von Hartkirchen-Inzing, Landkreis Griesbach · Ergebnisse naturwissenschaftlicher Untersuchungsmethoden – Grundlage der Restaurierung eines italienischen Holzkruzifixus des 14. Jahrhunderts · Die sogenannte Madonna von Münster – ein Gemälde von Bartolomeo Veneto · Ein Kunstwerk von Weltrang als Streitobjekt in zwei Weltkriegen · Ein ungemaltes Bild Adolph Menzels: Die Einweihung der Nordpazifikbahn (1883) · Briefliche Mitteilungen Max Pechsteins über seine »Eroberung von Berlin« an den Malerfreund Alexander Gerbig

HENSCHEL

FORSCHUNGEN UND BERICHTE 29/30

Herausgegeben von den Staatlichen Museen zu Berlin

344 Seiten · 332 Abbildungen, davon 19 mehrfarbig
Leinen, etwa 150,– DM · ISBN 3–362–00462–8 (Forschungen 29/30)

Aus dem Inhalt:

Vom Umgang mit dem Erbe Heinrich Schliemanns · Studien zur Vasenkunst des Hellenismus: Gnathia-Keramik mit Reliefdekor · Eine datierte und signierte Kerman-Stickerei im Islamischen Museum · Untersuchungen zur Kapitellplastik und Baugeschichte der ehemaligen Benediktiner-Klosterkirche St. Pancratius und Abundus in Ballenstedt am Harz · Zwei Werke hallischer Bauplastik des frühen 16. Jahrhunderts in der Skulpturensammlung · Eine Brunnenskulptur von Gian Lorenzo Bernini? · Das Schinkelmuseum in der Friedrichswerderschen Kirche · Rodin im Wilhelminischen Deutschland. Seine Anhänger und Gegner in Leipzig und Berlin · Wilhelm Wolff (1816 – 1887), der erste Berliner Tierbildhauer

HENSCHEL

Volkmar Enderlein

ORIENTALISCHE KELIMS

Flachgewebe aus Anatolien,
dem Kaukasus und dem Iran

176 Seiten · 146 Abbildungen, davon 48 mehrfarbig
Format 21 cm x 29,5 cm · Leinen 98,– DM
(Enderlein, Kelims)

Geschichte der Entwicklung und Technik der
orientalischen Wirk- und Flachteppiche.
Farbenprächtige Bildwiedergaben mannigfaltiger textiler
Kunstwerke aus Kleinasien, dem Kaukasusgebiet und
aus dem Iran.
Zahlreiche Umzeichnungen, Vergleichs- und Detailfotos
sowie ausführliche Katalogbeschreibungen ergänzen die
technischen, motivgeschichtlichen und funktionellen
Erläuterungen.

HENSCHEL